KB272359

살다 보면 나의 소명에 대해 이야기할 경우가 종종 생긴다. 극적이고 감동적인 간증을 할 수 있으면 좋으련만, 애석하게도 나에겐 그런 간증이 없다. 소명을 좀 더 확신 있게 잘 이야기해야 하지 않나 싶어 나름 고민도 했지만, 결국 말할 때마다 상황과 맥락에 따라 조금씩 다르게 말하곤 했다. 소명이라는 게 하나의 서사로 설명하기엔 너무 거대한 무언가라고 결론짓긴 했지만, 솔직히 소명에 대해 말할 때마다 나는 자신이 없다.

이 책은 소명을 명확하게 포착하지 못하고 서성이는 나 같은 이들에게 반가운 용기를 준다. 캐런 스왈로우 프라이어는 일, 직업, 열정처럼 소명과 혼용되는 언어들을 꼼꼼히 구분하면서, 소명은 획득하고 설명하는 것이 아니라 응답하고 추구해 가는 것이라고 차분하게 설명한다. 프라이어의 설명을 따라가다 보면 어떤 '직업'을 가져야 하는지, 무엇을 '해야' 하는지에 대한 압박이 줄어들고, 소명을 어떻게 설명해야 할지 곤혹스러운 마음도 적잖이 위로를 받는다. 대신 진리를 따르고, 선을 실천하고, 아름다움을 빚어내는 삶을 추구할 때 우리가 조금씩 소명을 살아 내는 사람으로 형성된다는 희망을 얻을 수 있다. 소명을 찾지 못해 불안한 이들에게, 소명으로 사람들을 이끌어야 하는 이들에게, 무엇보다 흔들리면서도 꿋꿋하게 소명을 찾아가고 있는 이들에게 이 책은 좋은 격려가 될 것이다.

박현철 | 청어람ARMC 대표

"하나님, 저는 커서 뭐가 될까요?"

어릴 적 질문이 아닙니다. 요즘도 저는 가끔 이렇게 기도합니다.

하고 싶은 일, 해야 하는 일, 할 수 있는 일을 통틀어 '모두를 위한기독교영화제'(모기영)에 수년째 가장 많은 에너지를 쓰고 있으면서도 이 일을 소명이라고 말하는 것은 늘 주저해 왔습니다. 스스로 대단한 일을 하고 있다는 암시를 던지거나 너무 비장해지지 않으려고 애써 왔던 것 같기도 합니다. 소명이라는 말이 갖는 무게와 강한 확신은 자아와 타인을 자주 압도하고, 나의 욕망과 하나님의 부르심을 구분하는 건 언제나 힘든 일이니까요. 부르심이나 소명 대신 두루뭉술하게 '하나님의 기대'나 '하나님이 기뻐하시는 일'이라는 말을 애용해 왔던 것도 그 때문입니다.

캐런 스왈로우 프라이어의 『당신의 소명은 무엇인가요』 덕분에, 어쩌면 저의 소명은 무엇이 되는 것이 아니라 내가 앞으로 무엇이 될지 궁금해하는 상태 자체가 아닐까 생각하며 차라리 안도합니다. 다름 아닌 그 궁금함과 불안정함이 여러 모양으로 저를 움직이게 하고 살아 있게 했던 것 아닌가 하고요. 저자는 진리와 선을 따르는 여정에서 벗어나지 않는 한 그것은 아름답다고, 하나님의 성품에 빗대어 위로와 격려를 건넵니다.

뿐만 아니라, 개인의 행복이 궁극의 목표가 되어 있는 이 시대에도 행복이란 여전히 타인을 이롭게 하는 일의 부산물이며 소명의 목표가 아니라 결과라고 말해 주어 특히 고맙습니다. 더러 돈 되는 일도 아니고 많은 사람이 모이거나 이름을 알리는 일도 아니지만 자신을 쏟아 넣으면서 행복하다고 말하는 세상의 바보들과 저처럼 마음 깊은 곳에서는 그 바보들을 부러워할 것이 틀림없는 다른 모든 분들과 함께 읽고 싶습니다. 소명에 대한 이 간결하고 명료한 책의 쪽 간과 행간을 독자들의 수많은 이야기들이 볼록하게 채워 줄 것입니다.

최은 | 영화 평론가

이 책의 제목처럼 소명을 찾고 있는 사람이 이 책을 집어 든다면 어떤 도움을 받을 수 있을까요?

"소명을 찾는다"는 말에는 이미 여러 전제가 담겨 있습니다. 하나님께서 사람에게 맡기실 어떤 자리와 일, 관계와 역할이 있고 그리로 사람을 부르신다는 생각, 그리고 그것을 찾기만 하면 잘 감당할 수 있을 것이라는 기대 말입니다. 그러나 이러한 생각에는 각자의 환경과 교육, 성격과 경험 속에서 형성된 선이해와 오해가 함께 따라붙습니다. 누구도 완전히 백지상태에서 이 질문을 던지지 않습니다. 저마다의 생각과 기대를 안은 채 이 책을 펼칠 것입니다.

바로 이 부분에서 이 책은 유익하고도 강력합니다. 저자는 소명을 찾기 위한 간편하고 확실한 해법을 제시하겠다고 말하지 않습니다. 그런 것은 존재하지 않는다고 생각하는 것 같습니다. 대신 독자가 소명을 생각할 때 자연스럽게 붙들고 있던 오해와 선입견, 혹은 지나치게 경직된 생각들을 돌아보게 합니다. 그러면 마치 막혀 있던 혈관이 뚫리듯, 소명을 생각하는 방식이 다시 흐르기 시작합니다.

이 책은 처음부터 독자에게 질문을 던지며 생각을 흔들어 놓습니다. 첫 장면으로 관객의 마음을 사로잡는 영화처럼 말입니다. '나는 소명을 지나치게 한 가지 방식으로만 이해하고 있지 않았는가? 그것을 특정한 직업이나 명예, 영향력의 문제로만 생각하고 있지는 않았는가? 사실 소명은 무엇을 하느냐의 문제일 뿐 아니라 어떤 사람이 되어 가느냐와도 깊이 연결된 문제는 아닌가?' 이런 질문들을 마음에 품고 책을 읽고 다시 질문으로 돌아온다면 독자는 자신이 소명을 대할 때 무엇을 놓치고 있었는지 더 또렷이 보게 될 것입니다.

이 책은 소명을 찾아가는 구체적인 '지도'라기보다 '나침반'을 내놓는 책입니다. 저자가 제시하는 나침반은 바로 진리, 선, 아름다움입니다. 사람이 소명을 따라 어떤 일을 하고 역할을 감당하며 한 자리를 지킨다고 할 때 그것은 결국 어떤 사람이 되어 가는가, 무엇을 추구하는가, 어떤 결과를 만들어 내는가라는 질문과 이어집니다. 소명은 이런 질문들과 무관할 수 없고, 이 질문들은 진리, 선, 아름다움이라는 초월적 잣대와 맞닿아 있습니다.

소명은 본래 쉽지 않은 주제입니다. 단박에 정리될 수 있는 문제도 아닙니다. 이 책의 미덕은 그 복잡한 문제를 실제보다 단순하게 만들지 않으면서도, 생각의 잡초를 걷어 내고 막힌 길을 열어 준다는 데 있습니다. 무엇을 어떻게 하라고 딱 짚어 주는 것은 아니지만 그렇기 때문에, 소명을 생각하는 사람에게는 오히려 실제적인 도움을 주는 책입니다. 무엇보다 본인의 체험과 실제 사례, 그리고 여러 문학 작품이 절묘하게 버무려져 있어 읽는 즐거움을 더합니다. 이 책 자체가 학자이자 작가로서의 소명에 충실한 삶의 열매라 하겠습니다. 즐거운 마음으로 추천합니다.

홍종락 | 번역가

캐런 스왈로우 프라이어는 앞날의 삶을 준비하는 학생에게만 아니라 좌충우돌하는 성인에게도 지혜와 경륜과 요령을 제시한다. 이 책은 삶에서 이루어야 할 일에 대한 우리의 인식을 왜곡하는 여러 거짓말을 능숙하게 들춰내고 더 나은 진로를 제시한다.

수잔 와이즈 바우어 | 『세상의 모든 역사』, 『독서의 즐거움』 저자

특유의 지혜와 명징한 문체로 캐런 스왈로우 프라이어는 우리 모두가 씨름하는 문제 속으로 깊이 뛰어든다. 세상에서 내 자리는 어디이며, 내게 주어진 일은 무엇인가? 이 책을 적극 추천한다.

앤드루 피터슨 | 싱어송라이터 · 『윙페더 사가』 저자

캐런 스왈로우 프라이어가 소명의 참뜻을 탁월하게 탐색한 선물을 우리 앞에 내놓았다. 이 책에서 그녀는 신학과 문학과 문화적 지혜를 솜씨 좋게 교직하여 우리 삶의 목적이 단지 무슨 일을 하느냐에 있지 않고 근본적으로 어떤 사람이 되어 가느냐에 있음을 밝힌다. 생업을 뛰어넘는 소명을 받아들이고 삶의 의미를 진리, 선, 아름다움의 추구에 단단히 뿌리내리도록 독자를 초대한다. 풍부한 의미와 깊은 사유와 유려한 문체가 어우러진 이 책은 천직에 대한 현대의 오해를 바로잡아, 어디에 있든 하나님 앞에서 진정성 있게 사는 것이 최고의 소명임을 우리에게 일깨워 준다. 모든 그리스도인과 특히 삶의 큰 의문들을 헤쳐 나가는 청년이라면 꼭 읽고 음미해야 할 아주 참신한 책이다.

앤서니 B. 브래들리 | 액튼연구소 석좌연구원, 카이퍼칼리지 연구교수

당신의 소명은 무엇인가요

당신의 소명은 무엇인가요

YOU HAVE A CALLING

Finding Your Vocation in the True, Good and Beautiful

by Karen Swallow Prior

당신의 소명은 무엇인가요

일, 직업, 열정, 천직, 부르심

캐런 스왈로우 프라이어 지음

윤종석 옮김

바람이불어오는곳

내게 소명의 의미를 가르쳐 준

내 어머니 셜리 앤 스왈로우(1936-2024)를 추모하며

차례

1. 질문

당신에게는 소명이 있다.

사실 당신의 소명은 딱 하나가 아니다. 당신은 평생에 걸쳐 다양한 소명을 갖게 될 것이다. 지금 갖고 있는 소명이 소명인지조차 알지 못할 수도 있고, 한두 가지 소명은 아직 오지 않았을 수도 있다.

당신의 소명이 무엇인지 어떻게 알까? 소명이 올 때와 소명이 끝날 때를 어떻게 확신할 수 있을까?

이런 질문의 답은 사람마다 다 똑같지 않다. 답이 늘 빤하거나 확실한 것도 아니다. (다행히 가끔은 그럴 때도 있지만 말이다.)

때로 까다로운 질문에 답하는 가장 좋은 방법은 좋은 질문을 던지는 것이다.

- 당신의 소명이 당신이 유급으로 하는 일이 아니라면? 유급으로 하는 일이 맞는다면?

- 당신의 소명이 매일 (또는 매일에 가깝게라도) 당신에게 열정이 느껴지는 일이 아니라면?

- 당신의 소명이 당신에게 대중적 명성이나 폭넓은 지지나 충분한 인정을 전혀 가져다주지 못한다면? 당신의 소명이 누구에게도 눈에 띄지 않는다면?

- 당신의 소명이 산자락을 가르는 우레처럼 놓칠 수 없는 큰 소리로 당신의 귓전을 둥둥 울리며 오지 않는다면? 대신 저음으로 윙윙거리다 말다 하는 귀찮은 파리처럼 주위를 맴돈다면? 그 부름이 아직도 당신에게 잘 들리지 않는다면?

- 참나무가 묘목에서 거목으로 자라는 동안 늘 참나무 그대로이면서도 철 따라 금빛에서 초록빛과 갈색을 거쳐 옷을 벗는 것처럼, 당신의 소명도 살아가는 동안 형태가 달라져 서서히 모양과 색깔과 크기가 변하는 거라면?

또 다른 질문들

- 오직 삶의 여정을 지나면서만 소명을 듣고 응답할 수 있는 것이라면?

- 당신의 소명이 활동이 아니라 장소라면? 동네나 도시나 농장이나 시골이라면?
- 소명이 단지 **무엇을** 하느냐만 아니라 그것을 **어떻게** 하느냐의 문제라면?
- 소명이 단지 특정한 일을 **하는** 것만이 아니라 또한 특정한 모습이 **되어 가는** 것이라면?

미리 밝혀 두거니와 이 책은 당신의 소명이 **무엇인지** 말해 주지 않는다. 다만 당신의 평생에 펼쳐질 다양한 소명을 **어떻게** 발견하고 이루어야 할지를 보여 주고 싶을 뿐이다.

진리요 선이요 아름다움이신 예수

예수님은 "내가 곧 길이요 진리요 생명이니"(요 14:6)라고 말씀하셨다.

길은 어딘가로 가는 방편이다. 세상 여정에서 우리의 삶이 취하는 형태다. 그리스도인은 예수님의 길을 따르도록 부름받았다. 예수님 안에 모든 진리가 있으니 그분은 곧 진리다. 우리의 모든 질문에 대한 답은 그분의 빛이 있어야만 볼 수 있다. 또 삶이 줄 수 있는 모든 선한 것도 그분 안에 있다. 오직 그분 안에만 선한 삶이 있다. 나아가 예수님의 길은 아름답다.[1]

예수님은 **진리**이고 **선**이며 **아름다움**이다.

하나님의 형상대로 지어진 피조물로서 우리 각자는 삶 전반에서 진리와 선, 아름다움을 추구하도록 부름받았다.

그렇게 할 때에만 당신만의 천직을 알아내 그대로 따를 수 있다. 하나님이 **당신을** 지으셔서 하게 하신 바로 그 일을 말이다.

우리 모두는 일해야 한다. 각자의 소명 안에서, 소명을 중심으로, 소명과 나란히 선한 일을 해야 한다. 그러니 일에서부터 시작해 보자.

2. 일

일은 평판이 나쁘다. 이 평판은 다분히 부당하다.

범퍼 스티커의 글귀가 몇 가지 생각난다. "잘 풀리는 직장에서의 하루보다 공치더라도 낚시하는 하루가 낫다." (분명히 내 남편은 이 말에 동의할 것이다!) 이것은 어떤가. "좋아하는 직업을 찾으면 평생을 일해도 하루도 일하지 않은 것 같을 것이다." (인터넷을 검색해 보니 이 말은 본래 공자나 마크 트웨인이 한 것으로 나오는데, C. S. 루이스와 더불어 그들은 각종 명언의 출처로 가장 흔하게 잘못 거명된다.)

이런 말의 배후에는 일은 나쁜 것이거나 적어도 피해야 할 귀찮은 것이라는 전제가 깔려 있다. 물론 힘든 일도 많이 있다. 돈벌이로 하는 일만이 아니라 자신이 정한 어려운 목표를 달성하는 데 필요한 일도 그렇다.

하지만 "일"(work)이란 단어가 얼마나 다양하게 쓰이는지 생각해 보라. 용법의 맥락과 함축된 의미가 아주 다양하다. 예술가는 "작품"을 창작하고, 셀럽은 군중을 "사로잡고", 우리는 "운동하러" 다닌다. 주파수를 잘 맞추려면 라디오 다이얼을 약간 "돌려야" 한다(실제로 나는 아직도 그런 라디오를 쓰고 있다). 레시피대로 요리하려면 일정한 재료를 "넣어야" 한다.[1] 갈등은 대화로 "풀어야" 하고, 점심 데이트는 빡빡한 스케줄에 "끼워 넣어야" 한다. 우리의 구원을 "이루라"는 사도 바울의 말(빌 2:12)도 있다. (따옴표 안의 표현마다 단어 work가 명사나 동사로 쓰였다—옮긴이.)

이 모든 용법에 '수고'나 '노력'의 의미가 담겨 있다. 바쁘게 몰아치는 삶이 조금은 덜하기를 누구나 바라겠지만, 그렇다고 수고나 노력이 없는 삶을 상상할 수 있을까? 상상할 수 없을뿐더러 아예 불가능하다. 당신이라면 그런 삶을 원하겠는가?

인간의 첫 번째 소명

에덴동산에서도 일은 삶의 일부였다. 사실 하나님이 세상을 창조하신 것도 **일**이고, 지금 만물을 질서 있게 유지하시는 것도 **일**이다. 그분은 자신이 지으신 세상에, 그리고 자신의 형상을 지닌 인간의 삶에 늘 개입하신다. 하나님이야말로 최초의 일꾼이셨다!

존 마크 코머는 『가든 시티』에서 히브리 성서의 하나님을 다른 고대 문헌에 나오는 신들과 대비한다. 고대의 신들은 일을 경멸했고, 인간은 본래 이 악한 신들의 노예로 노동하도록 지어졌다.[2] 반면 창세기의 하나님은 창조자, 예술가, 제작자로서 즐겁게 일하셨다. 남자와 여자를 자신의 형상대로 지으신 하나님은 코머의 말처럼 우리 모두에게 그분의 공동 창조자이자 파트너로서 이 땅을 다스리는 영광과 책임을 부여하셨다. 그뿐 아니라 그분의 모양대로 지어졌기 때문에 우리 인간은 보이지 않는 하나님을 세상에 보이도록 대변한다.[3] 우리는 세상에 하나님을 **반영하도록** 부름받았다.

세상을 창조하신 하나님을 증언하는 것, 이것이 모든 인간의 첫 번째 소명이다. 우리 모두는 이 일을 하도록 부름받았다. 인류를 설계하신 하나님의 원안(original design)은 지금도 똑같다. 우리가 하는 모든 일은 그분을 대변한다. 제대로 대변하든 잘못 대변하든 우리의 일은 그렇다.

낙원에서 타락한 세상으로

나는 아담과 하와가 타락하기 전에 에덴동산에서 하던 일을 존 밀턴이 『실낙원』에 상상해서 쓴 내용이 참 좋다. 물론 밀턴의 신학은 (그의 인간학은 물론이고) 더러 의문의 여지가 있지만, 이 시에 제시된 일의 신학만은 아름답다. 에덴동산에서 추방되는 인류를 그린 대서사시에서 밀턴은 겨우 창세기 몇 장에 제시된 빈약한 정보에 상상력을 동원하여 살을 입혀서 자그마치 열두 권의 무운시로 탄생시켰다. 에덴동산의 아담과 하와에 대한 그의 묘사가 우리에게 일깨워 주듯, 성경의 내러티브에서 일은 타락의 결과가 아니라 처음부터 낙원의 일부였다.

그런데 (밀턴이 풍요로운 곳으로 그린) 타락 이전의 에덴동산에서 일은 결핍의 세상에서 요구되는 노동과는 다르다. 그래서 한 대목에서 아담은 자기와 하와가 하려는 일을 "우리의 즐거운 작업 / 자라나는 나무를 가지치고 꽃을 돌보는 것"이라 표현한다.[4] 나중에 하와는 둘의 수고를 이렇게 더 자세히 묘사한다.

아담, 우리에게 맡겨진 즐거운 일이니
어련히 우리가 쭉 노동해서
이 동산을 가꾸며 나무와 풀과 꽃을 돌보겠지만,
누가 더 돕지 않는 한 노동은 늘고
일손은 달려 감당하기 벅차네요.
웃자란 가지를 낮에 자르거나 치거나 받치거나 묶어도
이를 비웃듯 한두 밤이면 무성하게 자라
다시 쑥대밭으로 변하니까요……[5]

에덴동산처럼 사뭇 푸르른 환경에서 첫 인간들은 식량

을 조달해 연명하려고 일한 게 아니라 가지런히 전정하려고 일했다. "무성하게 자라"는 꽃과 열매와 잎을 가꾸고 돌보고 자르고 치고 받치고 묶는 일이었다. 인류가 죄짓고 타락한 뒤로 저주가 임하지만, 노동 자체가 아니라 노동에 수반되는 고통이 저주다. 출산의 진통도 그렇고 가시덤불과 엉겅퀴의 방해도 그렇다.

몇 년 전 나는 버지니아주의 아열대 낙원으로 처음 이사를 왔는데, 그 뒤로 잡초가 불러오는 저주를 보는 눈이 완전히 새로워졌다. 이곳에는 민들레, 미나리아재비, 바랭이 등 작고 흔한 잡초가 종류별로 다양하다. 무해한 데다 귀엽기까지 해서 미나리아재비까지는 나도 제멋대로 퍼지게 놔두곤 한다. 하지만 어떤 잡초는 덩굴과 줄기가 억세고 때로 거대해서 한철만 그냥 두면 나무처럼 키가 커지고 사람 팔뚝만큼 굵어진다! (미국자리공이라는 잡초에 대해 들어 본 적이 있는가? 없다면 당신은 정말 복 받은 사람이다.) 내가 정원에서 하는 일은 재배하고 싶은 식물을 돌보는 일보다 재배하기 싫은 식물을 뽑거나 톱으로 자르는 일이 주를 이룬다.

정원에서 제초의 모험에 나서기 전에도 나는 죄가 세상과 우리 삶에 미치는 악영향을 물론 알았다. 그러나 여리고 어여쁜 화초를 드센 잡초가 얼마나 빠르고 사납게 잠식하는지를 실물 교육으로 배우기는 생전 처음이었다. 자연계는 우

리를 둘러싼 초자연적 실재를 피부로 느껴지게 생생히 보여
준다. 타락한 세상에서 수고와 고생이 일을 방해하는 것도
그런 현상의 일부다.

오늘날 우리의 일에 수반되는 가시덤불과 엉겅퀴와 분
만통은 아주 다양한 형태로 나타날 수 있다. 좋은 것도 너무
많으면 문제가 될 수 있지만, 일과 기회와 초대와 고객과 돈
과 시간 등의 결핍 같은 것이야말로 흔히 우리 삶의 기쁨과
평안을 잠식하는 잡초라는 데 누구나 동의할 것이다. 결핍은
엄연한 현실일 때도 있으나 어떤 때는 결핍에 대한 **두려움**,
즉 돈이나 기회나 관계나 능력이 부족할 거라는 두려움이 우
리의 결정을 몰아간다. 하지만 우리의 모든 선택은 자신의 참
된 소명에 기초해야지 뭔가를 놓칠 것에 대한 두려움에 기초
해서는 안 된다.

하나님은 우리를 모자란 삶이 아니라 풍성한 삶으로 부
르신다. 하나님의 경제는 풍요에 기초해 있다. 그것을 우리가
믿고 받아들이고 보고 누린다면, 우리가 내리는 결정은 (감정
상태까지도) 얼마나 달라지겠는가.

엄숙하고 귀한 열매를 맺는 일

그러나 결핍 속에도 복이 있다. 알아보기가 더 어려울
뿐이다. 로버트 헤이든의 시 「그 겨울의 일요일들」에 그것이
아주 잘 포착되어 있다. 시의 화자인 성인 아들은 어린 시절

아버지가 사랑으로 하던 일을 회고한다. 주중에 노동한 아버지는 일요일에도 일찍 일어나 집을 따뜻하게 하고 아들의 구두를 닦아 놓는다. ("일요일에도"라고 한 것은 일주일 내내 일찍 일어나야 했기 때문이다.) 아버지에게 이 소명은 "엄숙하고" 외롭고 힘든 일이었고, 그 희생을 아들은 오랜 세월이 흐른 후에야 깨닫는다.

일요일에도 아버지는 일찍 일어나
살을 엘 듯이 추운 데서 옷을 입고는
주중에 악천후 속에서 노동하느라
터지고 욱신거리는 손으로 다시 불씨를
살렸으나 아무도 고마움을 몰랐다.

잠깨어 추위가 타들어 가는 소리를 듣다가
방이 훈훈해지고 아버지가 부르면
그제야 느릿느릿 일어나 옷을 걸친 나는
집 안에 만연해 있던 분노가 두려웠다.

아버지는 추위를 몰아내고
내 정든 구두까지 닦아 놓았건만
내 말투는 싸늘하기만 했다.
그 엄숙하고 외로운 사랑의 일을

내 어찌 알았으랴, 어찌 알았으랴.[6]

근년 들어 "남성성의 위기", 특히 성년을 맞는 남자들의 위기가 많이 거론된다. 급변하는 세상 속에서 일과 역할과 가족 관계가 모두 발밑의 모래처럼 꺼지고 있기 때문이다. 남자든 여자든 의미를 찾고자 인터넷 스타, 셀럽 멘토, 새로 기독교로 개종한 유명인 등을 의지하는 청년이 점점 늘고 있다. 그들을 역할 모델로 삼아 그들에게서 감화를 받으려는 것이다. 그러나 그런 사람들이 하는 "일"은 대부분 오래가지 못한다. 이와는 대조적으로 헤이든의 시에 그려진 일은 대개 엄숙하고 외롭고 아무도 알아주지 않는 일이지만 대대로 귀한 열매를 맺는다.

새 하늘과 새 땅에서도 할 일은 있다

할 일은 늘 있다. 하나님도 일하신다. 그분은 우리를 이 땅에서 그분의 일에 동참할 피조물로 지으셨다. 벤 위더링턴이 『평일의 예배, 노동』에서 지적했듯이, 태초의 낙원에서와 마찬가지로 새 하늘과 새 땅에서도 할 일은 늘 있다. 선지자 이사야에 따르면 그 미래의 일에는 칼을 쳐서 보습을 만들고 창을 쳐서 낫을 만드는 것(사 2:4)과 가옥을 건축하고 포도나무를 심는 것(사 65:21)도 들어 있다.[7]

위더링턴은 책 서두에 에밀리 디킨슨의 시 앞부분을 인

용한다. 이 시에서 그녀는 내세에 속할 법한 일과 일꾼들을
상상한다. 다음은 시의 전문이다.

"낙원"은 어떤 곳일까?
거기에 누가 살까?
그들은 "농부"일까?
"괭이질"을 할까?
그들은 여기가 "애머스트"임을 알까?
내가 오리라는 것도 알까?

그들은 "에덴"에서 "새 신발"을 신을까?
거기는 늘 즐거울까?
우리가 고향을 그리워하면 그들이 꾸짖고,
시무룩해지면 그들이 하나님께 이르지 않을까?

하늘에 "아버지" 같은 분이
분명히 계시겠지?
그래서 내가 거기서 길을 잃거나
간호사의 표현으로 "죽더라도"
"벽옥" 길을 맨발로 걸을 일은 없겠지?
구원받은 사람들이 나를 비웃지 않겠지?
뉴잉글랜드는 외로운 곳이었지만

아마도 "에덴"은 그렇지 않겠지![8]

디킨슨은 천국 주민들도 땅에서 하던 일을 할지, 즉 "괭이질"을 하는 "농부"일지 궁금해한다. 그녀가 시 전체의 여러 단어에 따옴표를 붙인 것은 그것이 상징적 성격의 은유라는 뜻이다. 현세의 "뉴잉글랜드"가 내세의 예표라면, 그녀를 새로운 에덴으로 데려갈 죽음도 일종의 "해야" 할 일이다. 천국에서 누군가 신발을 만들고 있다. 그들의 수고 덕분에 그녀는 보석이 박힌 새 예루살렘 거리를 맨발로 걷지 않아도 된다. 벽옥은 요한계시록 21장에 천상의 새 도시를 묘사할 때 언급되는 보석 중 하나다. 물론 도시는 인간의 일을 통해 건설되는 곳이다. 하지만 아담과 하와가 잘 알았듯이, 시골도 사람이 살 만한 아름다운 곳이 되려면 자연과 정원에 노동이 필요하다.

성경의 내러티브는 동산에서 시작되어 도시에서 끝난다. 그리스도인들은 그중 어느 쪽이 현세의 이상적 환경인지 갑론을박을 벌이곤 한다. 사람을 섬기고 하나님 나라를 세우려면 어느 곳이 더 중요하냐는 것이다. 하지만 이는 잘못된 질문이다. 어떤 사람은 도시로, 어떤 사람은 시골로, 어떤 사람은 그 중간 지역으로 부름받는다. 성경에 분명히 나와 있듯이 어디에나 할 일이 있다. 해야 할 선한 일이 있다.

우리의 일을 통해 창조하신다

잠언 31장에도 일이 아름답게 그려져 있다. 흔히들 이 본문에 특정한 여인상이 제시되어 있다고만 보지만, 그보다는 모든 유덕한 사람이 어떻게 일하는지를 기술한 말씀으로 보는 게 낫다. 선한 일을 잘하는 것을 칭송하는 본문이다.[9] 묘사된 여인은 의인화된 지혜이고, 지혜는 잠언 전체의 핵심 주제다. 구약학자 도미닉 허난데스가 지적했듯이, 이 여인은 "모든 사람을 위한 지혜의 표상"이다.[10]

잠언 31장에서 지혜가 하는 일은 다양하면서도 삶 전체에 원만하게 통합된다. 공과 사의 구분이나 성과 속의 구분이 없다. 지혜는 시장과 가정에서 일하면서 공동체와 가족에게 두루 복을 끼친다. 무엇보다 중요한 것은 이 여인이 범사에 주님을 섬긴다는 것이다. 그녀는 선한 일을 함으로써 성문에서도 칭찬받는다. 우리도 다 그런 삶을 동경해야 한다. 일을 통해 진리, 선, 아름다움을 추구해야 한다.

공동체를 위한 일과 가족을 위한 일이 잠언 31장에서 어떻게 통합되는지 특히 눈여겨볼 만하다. 공과 사의 모든 일이 예배로 묘사된다. 도로시 세이어즈도 유명한 에세이 「왜 일하는가」에서 그런 포괄적 노동관을 제시한다. 그녀가 썼듯이, "교회의 본분은 세속 직업도 신성하게 여기는 것이다." 그녀는 우리의 삶이 "일하는 시간과 하나님을 섬기는 시간으로 구분된다"는 잘못된 세속적 개념에 교회가 동조해서는 안 된다고 주장한다. "우리는 일을 통해 하나님을 섬길 수 있어야 하며, 일 자체를 하나님의 창조 매체로 수용하고 존중해야 한다."[11]

일이 "하나님의 창조 매체"라는 도발적 표현에 마땅히 더 주목해야 한다. 이는 그분이 우리의 일을 통해 창조하신다는 뜻이다. (세이어즈는 이것이 하나님의 유일한 창조 방법은 아니고 창조 방법의 하나일 뿐이라고 분명히 말한다.) 당신의 일을 하나님이 창조 활동을 하시는 매체로 생각한 때가 마지막으로 언제인가? 매체라면 그림, 영화, 잉크, 연필, 무대, 비올라, 농장, 회의실, 화상 회의, 밀가루 반죽, 재봉틀, 뜨개바늘, 노트북 등 무엇이든 될 수 있다. 지극히 단조롭거나 평범한 매일의 일 속에서도 자신을 예술가로 생각한 때가 마지막으로 언제인가? 당신은 그분의 손과 발이다. 그분은 당신을 통해 일하시고 당신을 통해 창조하신다. 매들렌 렝글은 "공동 창조, 그것이 우리의 소명이다. 예외 없이 우리는 다 하나님과 함께 창조하도록 부름받았다"고 썼다.[12]

지난여름 내 어머니가 죽음을 앞두고 계심을 우리가 아직 몰랐을 때, 내 친구 멜리사가 텃밭에서 딴 토마토를 내 아버지에게 가져다주러 잠시 들렀다. 아버지는 좋은 토마토를 아주 좋아하는데, 평소에 마트에서는 좋은 토마토를 구할 수 없다고 주장한다. 담소 중에 이 책의 주제가 튀어나오자 멜리사는 소명을 추구하는 사람들이 하는 일을 두루 열거했다.

옆에서 아버지가 "토마토를 재배하는 사람들도 있지"라고 조용히 덧붙였다. 이 또한 공동 창조다.

공동 창조야말로 어쩌면 잠언 31장의 지혜를 가장 유익하게 해석한 것이다. 이 여인의 일을 통해 주님의 일이 이루어진다. 교회처럼 그녀도 세상에 임재하시는 그리스도의 몸이다. 자신의 지혜롭고 너그럽고 선한 일을 통해 그분을 알린다.

일 너머를 보는 법

17세기 영국의 성직자 시인 조지 허버트는 「영약」(靈藥)이라는 시에서 하나님을 위해 일하는 것을 우리의 모든 일에 의미를 부여하는 비법으로 묘사한다. 연금술사들이 마법의 성분인 영약을 써서 비금속을 금으로 둔갑시킨다고 여겨지던 때가 있었다. 물론 그런 신비의 약은 존재하지 않는다. 다만 허버트는 이 신화적 개념을 응용해 변화를 노래한다. 아무리 천한 일도 "주님을 위해" 하면 달라진다는 것이다.

> 왕이신 나의 하나님, 모든 것 속에서
>> 주님을 보도록 가르쳐 주소서,
> 무슨 일을 하든지
>> 주님을 위해 하게 하소서.

짐승처럼 다짜고짜
행동에 뛰어들 게 아니라
하나님을 첫 자리에 모시고
온전히 힘쓰게 하소서.

유리를 보는 사람은
시선이 유리에 머물 수 있으나
원한다면 그 너머의
천국도 볼 수 있습니다.

누구나 주님께 동참할 수 있으니
"주님을 위해" 하기만 하면
밝고 깨끗해지지 않을 만큼
천한 일은 없습니다.

이 원리에 따르는 종에게는
고된 일도 신성해지고,
방을 청소할 때도 주께 하듯 하면
방도 몸가짐도 훌륭해집니다.

이것이 모든 것을 금으로 둔갑시키는
그 유명한 돌이니

하나님이 만지시고 소유하시면

　무엇이든 더없이 귀해집니다.[13]

우리가 하나님의 목적을 위해 힘써 일한다면, 그거야말로 모든 것을 금으로 둔갑시키는 "유명한 돌"이다. 하나님이 그분의 나라를 위해 우리를 통해 하시는 일, 그것을 보려면 우리의 **일 자체**를 볼 게 아니라 (유리창 너머를 보듯이) **일 너머**를 봐야 한다.

그런데 보다시피 이 시는 "가르쳐 주소서"라는 기도로 시작한다. 우리의 일을 이렇게 보는 관점은 저절로 생겨나거나 쉽게 얻어지는 게 아니다. 하지만 우리의 노동 너머로 그분을 더 많이 보는 법을 배우면, 그분이 "고된 일도 신성해지"게 하신다. 방을 청소하는 일도 "훌륭해"진다.

일과 소명 개념의 변화

인간은 늘 할 일이 있다. 일하지 않고는 인간으로 존재할 수 없다. 일은 본래 하나님이 설계하신 선한 것이며, 따라서 인간을 이롭게 한다. **일**(work)과 **소명**(calling)이 겹칠 때도 있지만, 둘은 같지 않다 (책 전체에 이 말이 계속 반복될 것이다.) 둘이 어떻게 다른지를 인식하면 각각의 진가를 바로 알 수 있고, 개인의 삶과 공동체의 삶에서 일과 소명이 각각 어떤 역할을 하는지도 더 잘 이해할 수 있다.

창조주께서 일하시듯이 우리도 일하도록 창조되었고, 그 일은 장차 새 하늘과 새 땅에서도 계속된다. 그것을 알면 우리에게 새로운 관점이 싹튼다. 일이 영원히 끝나지 않는다는 것인데, 일에 끝이 없는 이유는 일이 나빠서가 아니라 **선하기 때문이다**.

그래도 일의 성격과 의미와 역할은 전체 사회 구조의 변화에 따라 달라진다. 불과 한 세대 만에도 달라질 수 있다. 게다가 우리가 할 만한 선한 일의 종류는 무궁무진하다.

선택의 폭이 넓다는 것은 그만큼 자유롭다는 뜻이다. 하지만 뭔가를 놓칠 것에 대한 두려움이나 결정 장애를 겪어 본 사람이라면 누구나 알듯이 자유가 오히려 우리의 발목을 잡을 수도 있다. 현대 세계의 삶은 많은 특징이 있지만, 특히 과거에 비해 삶에 대한 개인의 자유와 책임감이 커진 점을 빼놓을 수 없다. 개인의 책임감이 커지다 보니 일을 둘러싼 우리의 모든 결정이 더 난감하고 불안해졌다. 선택의 폭이 없거나 좁았던 우리 선조들은 경험하지 못했던 현상이다. 중세에는 농가에서 태어난 사람이든 왕가에서 태어난 사람이든 각자의 소명이 분명했다. 그러나 오늘날의 우리는 대부분 그렇지 못하다. 적어도 처음부터는 아니고, 끝까지 아닐 수도 있다.

일에 대한 책임에 이어 삶의 결과에 대한 책임까지도 궁극적으로 각자에게 있다고 믿는 현대 문화는 다분히 개신교 노동 윤리의 산물이다. 이 윤리는 직업에서 성과 속의 잘못된 구분을 없애려 했다. 앞서 인용한 세이어즈의 말처럼 이는 선하고 바른 관점이지만, 역설적이게도 천직 개념을 아예 없애는 데 일조했다.

직업에 귀천이 없음을 강조한 종교개혁의 결과로 일은 새로운 사회경제적 기회를 여는 수단이 되었다. 사람의 노동이 지주와 영주에게만 아니라 본인에게도 경제적 이익을 창출하게 된 것이다. 일이 자신에게 득이 된다면 자연히 더 열심히 더 잘하려는 의욕이 싹트게 마련이다. 근대 문화와 근대인의 출현은 다분히 그런 현상에서 기인한다. 문화 정황이 이렇다 보니 이제 일이란 단지 출생 신분에 따라붙는 필연적 소명이 아니라 출세와 신분 상승의 기회이기도 하다.

직업으로 축소되어 버린 소명

근대에 일의 성격이 달라진 사례를 다니엘 디포의 1722년작 소설 『몰 플랜더스』에서 볼 수 있다.[14] 한 여성의 실제 회고록처럼 설정된 허구의 이야기인데, 뉴게이트 감옥에서 죄수의 딸로 태어난 그녀는 근성과 생활력으로 아등바등 삶을 헤쳐 나간다. 살아남아 결국 성공하기까지 몰이 거쳐 가는 다양한 일을 중심으로 이야기가 전개되는데, 그중에는 불법인 일도 많다. 하녀, 정부(情婦), 사기꾼, 도둑 등의 일을 거쳐 마침내 부자가 된 그녀는 삶을 마칠 때에야 비로소 참회

한다. 하지만 몰이 자신의 일을 어떤 말로 표현하는지를 보면 자신과 자신의 일생을 어떻게 보는지를 알 수 있다. 자신의 커리어에서 범죄에 해당하는 요소를 그녀는 모두 완곡어법을 써서 얼버무린다. 도시의 거리에서 훔치는 약탈은 "모험"이나 "일탈"이나 "산책"으로, 강도 수법은 "기술"과 "실력"과 "영업"으로, 도둑의 한패는 "달인"으로 칭하는 식이다.[15]

디포의 이 소설에 사회와 종교도 많이 묘사되어 있지만 대부분 지금 내 취지를 벗어나니 다루지 않겠다. 다만 몰이 (남의 도움도 받아 가며) 자수성가한 내러티브에서 우리가 분명히 알 수 있는 것이 있다. 이제 일이란 온전히 천직의 부름에 응하기보다 개인의 사회경제적 신분 상승과 관련된다는 것이다. (흥미롭게도 이야기의 한 대목에서 몰은 자신을 거쳐 간 여러 남편 중 하나가 자신을 부르는 육성을 듣고 그에게 돌아간다.) 디포가 청교도(특히 장로교도)였다는 점도 눈여겨볼 만하다. 빚쟁이로 감옥에 가지 않으려고 그는 정치와 사업 분야에서 여러 지위를 거치며 평생 고투했다. (그러다 실패한 적도 있다.) 등장인물 몰과 더불어 디포의 삶은 성공할 만한 지위와 재물을 타고나지 못한 불운한 현대인이 새삼 느끼는 엄청난 부담과 불안을 잘 보여 준다. 이런 고투는 엄연한 현실이다. 오스기니스가 고전이 된 저작 『소명』에서 경고했듯이, 소명감을 잃은 문화, 고삐 풀린 자본주의에 기초한 문화는 쾌락주의에 빠질 수밖에 없다. 디포가 『몰 플랜더스』에 그려 낸 문화처럼 말이다. 세상이 이렇다 보니 일은 자유 시장에서 돈과 재물을 더 축적하는 한낱 수단으로 전락한다.[16]

이런 문학을 읽노라면 천직 개념이 실시간으로 변하는 것을 볼 수 있다. 현대의 신분 상승 개념과 이를 통해 경제적 혜택을 새로 얻으려는 욕망은 점차 천직 개념을 몰아낸다. 본래 소명은 (교회나 가정에서) 영적 직무를 다한다는 의미였는데, 이제 생계를 유지하고 세상적 성공을 이룬다는 뜻으로 서서히 변했다. 『몰 플랜더스』에도 녹아들어 있고 기니스도 말했거니와, 근대에 들어서부터 "모든 그리스도인에게 소명이 있어야 한다는 본래의 명제는 모든 시민에게 직업이 있어야 한다는 명제로 귀착되었고" 그리하여 결국 일 자체가 "신성화되었다."[17]

하지만 일이 신성화되면서 오히려 부르시는 이(Caller)와 부르심(calling)은 차례로 신성한 의미를 잃었다. 이제 몰처럼 우리에게도 일을 지칭하는 용어가 수없이 많아졌다. **직업**, **커리어**, **임시직**, **현직**, **직급**, **직위**, **임용**, **생업** 등은 그중 몇에 불과하다. 근대 후기가 **소명** 대신 우리 앞에 내놓은 것은 **대안**, **선택**, **기회**, **승진**, **승급**, **좌천**, **수평 이동** 등이다. 아울러 안정 대신 끊임없는 변화가 뒤따른다.

한편 기니스가 지적했듯이, "천직"(vocation)이란 단어는 대개 대학에 가지 않고 "직업 훈련"(vocational training)을 받는 일꾼들의 직종 분야로 국한되며, 교육 수준이 높은 사회 엘리트층일수록 그런 일을 멸시한다.[18] 그러나 "좋은 일"(내 아버지가 즐겨 쓰는 표현)을 무엇 하나라도 얕보면 직업관이 빈약해지거나 왜곡된다. 건강한 직업관은 각 사람의 다양한 재능과 기술을 귀히 여기며 그런 재능과 기술을 선용하는 것을 칭송한다.

일의 의가 달라지다

지금까지 포괄적으로 살펴본 빈곤한 직업관은 여러 세기에 걸쳐 출현했다. 그러나 범위를 좁혀 지난 수십 년을 세대별로 보면, 그보다 작으면서도 사뭇 극적으로 느껴지는 변화가 세대마다 눈에 띈다.

1928년에서 1945년 사이에 태어난 '침묵의 세대'는 평생 한 직업이나 한 회사에서 열심히 일하면서 확실한 월급과 의료 보험과 연금과 기타 복지 혜택을 받았다. '베이비부머 세대'와 (나도 포함되는) 'X세대'도 똑같은 것을 바랄 수는 있었으나 승진하려면 회사를 옮겨 다녀야 할 수도 있다. 그러나 '밀레니얼 세대'와 그 이후 세대에게는 그런 연속성과 확실성이 거의 존재하지 않는다. 몇 년 전까지만 해도 나는 첫 직장을 구하는 일부 졸업생에게 "정규직"이 꼭 주당 근무 시간만을 가리키는 게 아니라 대개 직위에 따라오는 (또는 따라왔던) 복지 혜택도 가리킨다고 설명해야 했다. 하지만 그건 아직 그런 선택지가 제법 남아 있을 때에나 가능한 대화였다.

불과 몇 년 후인 지금은 이른바 임시직 경제가 우리 삶을 지배한다. (나처럼) 여러 비정규직과 시간제 일을 얼기설기 병행해야 먹고살 수 있는 사람이 점점 더 많아진다는 뜻이다.

이렇듯 세대가 바뀔 때마다 일의 성격도 달라진다. 한때는 일이 자신과 가족을 부양하는 수단이었으나 이제 거기에 더하여 개인의 만족을 극대화하고 결국 자신의 열정을 꽃피우는 수단이기도 하다. (열정에 대해서는 다음 장에서 자세히 살펴볼 것이다.) 요점은, 세대마다 자신의 소명을 알아내는 데 특유의 고충이 있다는 것이다. 그나마 소명을 조금이라도 중요하게 여긴다면 말이다. (다시 말하지만 일과 소명은 같지 않다.)

매일 정시에 출근하고 꼬박꼬박 월급을 받던 자동차 공장 노동자는 대개 주된 소명을 일에서 찾은 게 아니라 가족을 부양하는 데서, 퇴근 후 근처 술집에서 동료 직원들과 어울려 맥주 한잔하는 데서, 그냥 공동체의 일원이 되는 데서 찾았다. 그러나 이후의 모든 세대와, 특히 성공적인 커리어를 얻기 위해 많은 돈과 시간을 들여 대학을 나온 이들은 주된 소명을 대체로 일에서 찾으려 한다.

그런데 근년 들어 등록금과 생활비가 치솟은 탓에 많은 대졸자에게 그런 기대를 충족시키는 게 (불가능하지는 않더라도) 어려워졌다. 소명을 현직과 결부할수록 그 기준에 미달하는 직업은 이상적 직업으로 가는 디딤돌 정도로 보이기 쉽고, 평생의 누적 이직률도 높아지기 쉽다. 기니스가 지적했듯이, "선택과 변화의 증가"는 현대 생활의 특징이고 그 결과로 "헌신과 연속성은 줄어든다."[19] 물론 여러 직장을 단기간씩 이어서 다니는 데도 장단점이 있지만, 한 직장에 오래 근속하는 유익이 간과될 때가 있다. (그 내용은 다음 장에서 자세히 살펴볼 것이다.) 당연히 헌신은 양방향이며, 고용주도 종업원에게 헌신하지 않는 잘못을 자주 범한다. 장기적으로 보면 그것이 더 큰 문제다. 어쨌든 일과 관련하여 우리 개개인이 각자의 헌신과 연속성을 통해 주고받을 수 있는 유익이 있다. 그런 유익을 생각해 보는 것은 지혜로운 일이다.

그래도 어디까지나 핵심은 일이 어느 세대에나 늘 똑같아 보이지 않았고 일의 의미가 세대마다 달랐다는 것이다. 자기 세대의 사정에만 매몰되어 있으면 이러한 사실을 놓치기 쉽다.

소명은 모든 구분을 초월한다

시대와 지역을 막론하고 인간은 늘 일해야 했고 우리도 마찬가지다. 다만 우리 현대인은 대체로 선조들보다 선택의 폭이 넓을 뿐 아니라 선택에 대한 부담감과 책임감도 더 크다. 그런 맥락에서 일은 단지 소득원이 아니라 더 큰 목적을 이루는 수단으로 보일 수 있다.

하지만 일반적인 더 큰 목적이 꼭 **당신 자신의** 더 큰 목적은 아닐 수 (적어도 그렇게 느껴지지 않을 수) 있다. 때로 우리가 특정한 역할을 맡는 이유는 그것이 자신이 늘 꿈꾸던 역할이어서가 아니라 그냥 때마침 그 요건의 적임자로 준비되어 있었기 때문이다. 물론 우리의 열정과 갈망과 재능에 일치하는 일을 찾는 것이 이상적이지만, 현실은 늘 그렇지만은 않다. 그래도 괜찮다. 당신에게 문제가 있는 게 아니다. 우리가 어쩌다 지금의 자리에 이른 것은 다른 이들의 열정과 일이 일치하지 않거나 즉각 일치하지 않아 그들 자신이 뭔가 부족하다고 느꼈기 때문이다. "내 인생의 벤 다이어그램"이라는 인터넷 밈을 볼 때마다 나는 위안도 되고 웃음도 난다. "내가 좋아하는 일", "내가 잘하는 일", "돈이 되는 일"이라는 세 가지 원이 나오는데, 내 경우는 처음 두 가지만 약간 겹치고 "돈이 되는 일"과는 조금도 겹치지 않는다. 다른 많은 밈처럼 이 밈이 존재하는 이유도 나만 그런 게 아니라는 사실을 일깨워 주기 때문이다.

소명은 그 모든 구분을 초월한다. 결국 때가 되면 우리는 부름을 받는다. 마침내 전화(부름)가 온다. 그것만은 확실하다. 연결되기까지 몇 번 시도해야 할 때도 있고, 통화 중에 끊어질 때도 있고, 잘못 걸려 올 때도 있다. 그러나 계속 문을 두드리면 전화(부름)가 온다. (영어에서 둘 다 call로 표현되는 부름과 전화의 밀접한 관계에 대해서는 뒤에서 "소명" 장에 더 자세히 언급된다―옮긴이.)

3. 열정

"자신의 열정을 따라가라."

속담처럼 회자되는 말이다. 글자 그대로 표현되든, 더 은유적으로 표현되든, 예술의 상상력을 통해 표현되든 하도 자주 반복되다 보니 자칫 이 조언을 영원불변의 자명한 보편 진리로 착각하기 쉽다.

하지만 이것은 진리가 아니다.

위험한 조언

삶에 대한 이 조언은 20세기 말에야 격언 수준에 오른 아주 새로운 개념이다. 구글 엔그램 뷰어는 1500년부터 2019년까지 인쇄 매체에 쓰인 어휘의 빈도를 보여 주는 데이터베이스인데, 거기에 "자신의 열정을 따라가라"나 "열정을 추구하라"라는 문구를 입력하면 둘 다 1990년대 이전에는 거의 존재하지 않다가 90년대부터 갑자기 그래프 상에 탑처럼 수직으로 치솟는다.

이 조언은 자명하지도 않다. 일의 생산성에 대한 연구로 잘 알려진 조지타운 대학교 컴퓨터과학 교수 칼 뉴포트는 오히려 이것을 "위험한 조언"이라 부른다.[1] 그의 입장은 많은 연구로 뒷받침된다. 나야 그렇게까지 단정적인 표현을 쓴 적은 없지만 평소 내 지론도 그와 같다. (그렇게 배우며 자란 젊은 이들을 수십 년간 가르치면서 얻은 증거 사례와 본능적 직관에 근거한 것이긴 하지만 말이다.) 이 통속적 조언에 대한 내 의혹의 근저에는 이상론과 비현실적 기대가 실망과 환멸을 낳을 뿐 아니라 평범한 일상생활의 기쁨을 앗아 갈 수 있다는 소신도 깔려 있다. 뉴포트의 연구 결과를 보면, 사람은 자기가 잘하는 일일수록 더 열정을 품게 되고 뭔가를 잘하기까지는 시간과 경험과 실험이 필요하다. 이것을 논증하고자 그는 대학 행정직 직원들을 조사한 흥미로운 연구를 인용한다. 그 직종이 연구 대상으로 선정된 이유는 그게 대다수 사람이 동경하거나 꿈꾸는 첫 직장은 아니기 때문이다. 처음부터 열정을 품고 행정직 직원이 되려는 사람은 별로 없다. 그런데 나중에는 어떻게 됐을까? 자신의 일을 (단지 직업이나 디딤돌이 아니라) 소명으로 볼 소지가 가장 높은 사람은 바로 그 일에 가장 연륜이 쌓인 이들이었다.[2] 다른 연구자는 그것을 이렇게 요약했다. "열정의 기초를 실력에 두면 설령 실직하더라도 열정이 사라지지 않는다. 꾸준히 정진하는 한 열정도 따라오게 되어 있다."[3] 다시 말해서 정말 노력해야 한다는 것이다.

경험은 열정을 낳을 뿐 아니라 사람들에게 유익을 끼칠 만한 실력도 길러 준다. 이 부분에서 뉴포트의 연구는 내 남편이 다년간 공립학교 교사로 일하면서 늘 하던 말과도 잘 맞아떨어진다. 남편은 중년에 제2의 커리어로 교직에 들어섰다. 하지만 그의 소명은 초지일관 건축과 창작이었다. 건축업자인 아버지에게서 건축을 배운 남편은 오랫동안 건축업자로 일하다가 사람들에게 건축 기술을 가르치는 일로 이직했다. 직업 교사(앞서 말했던 "직업 훈련"이란 용어의 쓰임새를 생각해 보라)가 되어서도 많은 일을 손으로 직접 한다. 남편은 한 학교에서만 20년을 교사로 일하다 이제 은퇴하려는 중인데, 그곳에는 남편보다 더 오래 재직한 동료 교사도 많다. 그동안 남편은 행정가들이 마치 회전문을 지나듯 자주 바뀔 때마다 그것이 장기근속 직원들에게 미치는 영향을 보았다. 신임 행정가는 누구나 새로운 아이디어와 거창한 계획을 가지고 부임하지만, 대개 그것은 전임 행정가들이 시행한 새로운 아이디어와 거창한 계획 위에 쌓일 뿐이다. 늘 시작과 중단만 되풀이되는 셈이다. 남편이 입버릇처럼 말하듯이 "아무도 오래 있지 않는다." 오랜 기간을 들여야만 끼칠 수 있는 유익과 복이 있는데, 한 장소 한 공동체에 그만큼 진득이 남아 있는 사람이 없는 것이다.

물론 노력한다는 이유만으로 모든 사람이 모든 일을 잘할 수는 없다. 어차피 인간의 능력에는 한계가 있다. 우리는 저마다 강점도 있듯이 약점도 있다.

엉터리 구호

여기서 떠오르는 또 다른 거짓된 통속적 지혜가 있다. "무엇이든 다 할 수 있다!"라는 엉터리 구호다.

간절히 원하기만 하면 무엇이든 다 할 수 있다는 말을 고등학생에게서 처음 듣던 때가 내 기억에 선하다. 그 여학생의 성적이 특히 수학과 과학 과목에서 계속 부진해서 내 사무실에서 상담하던 중이었다. 잘 격려하고 지도해 주고자 학생에게 고등학교를 졸업한 후 어느 분야로 나가고 싶은지 물었다. 학생이 "산부인과 의사가 되고 싶어요"라고 말하기에 나는 그 분야에서 핵심 역할을 하는 게 수학과 과학이라고 부드럽게 지적해 주었다. 학생이 "무엇이든 다 될 수 있다고 우리 엄마가 그랬거든요"라고 당당히 맞서는 바람에 순간 내 말문이 막혔다. 학생의 어머니를 깎아내리고 싶지 않았지만 그렇다고 학생에게 필요한 현명한 조언을 거두고 싶지도 않았다. 이 학생의 수학과 과학 성적은 끝까지 별로 나아지지 않았다. 그 후로도 비슷한 일을 많이 겪으면서 나는 그런 무익한 표어가 귀에만 솔깃할 뿐이지 사실은 젊은이들을 실망에 빠뜨리기 십상이라는 생각이 굳어졌다. 게다가 그런 잘못된 지도 때문에 참된 소명을 찾기가 더 힘들어진다.

이후에 대학 교수로 일하는 동안 나는 학생들에게 목표를 높게 세우되 세상을 평소보다 더 현실적으로 보도록 도와주었다. 물론 어느 시대에나 청춘은 이상론으로 기우는 경향이 있다. 하지만 내가 가르친 젊은이들은 달라진 세상에 살고 있었다. 행복하게 빛나는 사람들의 모습이 SNS에서 끝없이 쏟아져 나오는데, 그들은 모두 불과 10대 때 무엇을 꿈꾸었든 하룻밤 사이에 성공한 것처럼 보인다.

학생들은 자주 내 사무실에 와서 조언을 구했는데, 그중에는 내 삶과 관련된 문의도 있었다. 어떻게 하면 자기들도 나처럼 되어서 내가 하는 일을 할 수 있겠느냐는 것이다. 내가 비교적 이른 나이에 박사 학위를 받고 교수로 임용된 것, 계속 직급이 올라가 정교수까지 된 것, 출간 저서가 늘고 있는 것을 그들도 알았다. 하지만 그렇게 되기까지 어떤 과정을 거쳐야 했는지는 몰랐다.

작가나 창작자나 학자가 되려는 지망생들이 나처럼 되는 길을 물을 때면 대개 나는 이렇게 말문을 뗐다. "글쎄요, 나처럼 되고 싶다면 47세가 되기 전에는 첫 책을 출간하지 못할 겁니다." 그다음에는 잠시 가만히 있어야 했는데 스물한 살 학생들이 놀라서 입을 다물지 못했기 때문이다. 예상했거나 듣고 싶었던 답이 아니었던 것이다. 그들이 정반대의 메시지를 너무 자주 너무 많이 듣고 있다는 것을 나는 한참 지나서야 알았다.

이상론에 지배되는 사회

돌아보면 나는 꿈을 허무는 사람이었던 것 같다. 그럴 의도는 없었다. 현실성이 있어야 꿈을 더 쉽게 이룰 수 있다고 생각할 뿐이다.

그런 내 소신 때문에 동료 작가 사라 샌더슨은 자신에 대한 내 말이 틀렸음을 증명하기로 작정하기에 이르렀다.

첫 책을 써서 출간하려고 애쓰던 초기에 사라는 SNS 그룹을 통해 기성 작가들의 조언을 구했다. 나는 오랜 세월 수많은 학생과 일반인에게 해 준 말과 비슷한 댓글을 올렸다. 당신이 글을 쓴다는 이유만으로 누군가 나서서 그것을 책으로 펴내는 것은 아니라고 말이다. 글쓰기와 출간은 전혀 다른데, 그것을 모르는 사람을 나는 많이 보았다. 출간 작가라는 지위만 원할 뿐 집필 작업에는 딱히 공을 들이지 않는 이들도 있고, 출판의 생리를 별로 모르는 작가 지망생은 더 많다. 당시 사라를 몰랐던 나는 평소의 생각만 전하고는 그 일을 까맣게 잊었다.

얼마 후 낯선 이름의 작가로부터 이메일을 받았는데, 자신이 쓴 첫 책의 원고를 읽어 보고 혹시 추천할 만하면 추천해 달라는 내용이었다. (대부분의 작가처럼 내게도 이런 요청이 많이 들어온다.) 이메일이 돋보이는 데다 책 주제도 관심을 끌기에 원고를 대충 보았다. 그러다 정독했고, 결국 적극 추천했다.

나중에야 사라가 하는 말이, 글을 쓰기만 하면 당연히 출간될 것처럼 생각해서는 안 된다던 내 말에 풀이 죽었었다고 했다. 내 기억에는 없었지만 약간 민망해서 그녀에게 내막을 물었다. 사라는 자초지종을 회고하고 나서 내 말이 자신에게 어떤 영향을 미쳤는지도 말해 주었다.

속상했어요. 내가 어중이떠중이 엉터리 작가들보다는 특별하다는 것을 작가님이 모르는 것 같아서요. 하긴 그걸 어떻게 알겠어요? 반평생을 품고 살아온 이 갈망이 취미에 불과하다고 결론짓고 이제 끝내야 하나 싶더군요. 하지만…… 작가님의 말을 내가 이 길을 고수해서는 안 된다는 징후로 받아들이기보다 오히려 내 마음속에 일종의 반사 동력으로 품었습니다. 그것을 잣대로 삼아 나 자신을 증명해 보이고 싶었어요. 혼자서 이런 생각을 자주 했지요. '캐런 스왈로우 프라이어가 생각하는 나는 글을 취미로 쓰는 사람일 뿐이다. 그 생각이 틀렸다는 걸 증명하자.'[4]

과연 그녀는 증명했다.

내 냉정한 조언이 혹시 도움이 되었을까? 결과적으로 설령 그랬다 해도, 그 뒤로 나는 꿈을 좀 더 살살 허무는 법을 배웠다(배웠기를 바란다).

젊은이들은 으레 꿈의 기대치를 낮추기가 힘든 것 같다. (물론 모든 인간이 그렇지만, 이것을 "청춘의 이상"이라 부르는 데는 그만한 이유가 있다.) 다만 이런 이상론이 특히 이 시대에 더 두드러진 데는 문화의 변화도 한몫했다고 본다. 예컨대 늘 자녀의 주위를 맴도는 헬리콥터 부모나 늘 자녀의 소원에 방해되는 걸림돌을 치워 주는 제설차 부모가 있는데, 이런 부모 밑에서 자란 이들은 자신의 꿈이 별 어려움 없이 속성으로 이루어질 줄로 생각한다. 그들로서는 당연한 기대치다. 어쩌면 그보다 더 큰 영향력을 미치는 것은 미디어가 지배하는 사회다. 부와 성공의 모델이 우리 앞의 컨베이어 벨트에 끝없이 펼쳐지는데, 솔깃한 결과만 감질나게 모방해서 전시할 뿐 그것을 달성하는 데 필요한 과정이나 수단은 애써 감춘다. 예컨대 밀레니얼 세대 기업가이자 팟캐스트 진행자인 케이트 케네디가 쓴 글을 보면, 그녀가 커리어 초반에 좌절한 이유는 커리어 성공에 대한 "많은 거창한 감동적인 이야기에 빠져들었기" 때문이다. 그런 이야기일수록 성공만 전면에 내세울 뿐 자세한 배경은 거의 밝히지 않는다.[5] 디지털 원주민으로 자란 세대에게는 이것이 보편적 경험이다.

하지만 꼭 그런 환경에서 자란 사람만 그 영향을 받는

것은 아니다. 누구나 자신의 열정을 추구해야 한다는 개념은 우리가 들이쉬는 공기 속에 퍼져 있어서 이미 우리 모두에게 영향을 미치고 있다.

열정을 추구하는 것이 현명한 일인지 생각해 보려면 먼저 열정이 무엇인지부터 알아야 한다.

열정의 의미

오늘날 그 단어의 쓰임새를 보면 우리는 "열정"을 뜨거운 '애호'나 '갈망'으로 생각하는 경향이 있다. 물론 그것도 맞긴 하다. 하지만 이 단어의 역사와 더 넓은 용례에는 유익하게 살펴볼 만한 게 더 있다.

단어 "열정"(passion)의 라틴어 어근은 "고생"을 뜻한다. 언뜻 생뚱맞아 보일 수 있지만 동일한 어근에서 나온 다른 단어들을 생각해 보라. "환자"(patient)와 "인내"(patience)가 좋은 예다. 입원해 있거나 진료를 받는 환자는 고생하는 사람이다. 마찬가지로 인내를 요하는 모든 상황에도 어느 정도 고생이 따른다. 줄을 서서 기다릴 때 인내하는 사람은 고생을 잘 참지만, 인내심이 없는 사람은 고함치고 발을 구르며 고생에 저항한다. 연애에 열정적인 사람은 뜨겁게 불타는 갈망 때문에 고생한다. 배고픈 예술가는 내면의 열정을 추구하는 데 몰두한 나머지 그 추구를 포기하느니 차라리 가난한 생활을 택한다. 그리스도의 십자가형과 거기로 이어지는 일련의 사건을 "그리스도의 수난"(the passion of Christ)과 "고난 주간"(passion week)이라는 말로 표현하는데, 역시 그런 일을 겪으신 그분의 고생을 가리킨다. 구약에도 그분은 고난당하는 종으로 예언되어 있다(사 52-53장). 그래서 "순교자와 연인은 열정의 전형이다"라고 말할 수 있다.[6] 오늘날 우리가 즐겨 쓰는 "열정"이란 단어에도 이런 고생의 의미가 담겨 있는데, 다만 고생의 의미가 대개 미화될 뿐이다.

이런 예에서 보듯이, 고생이란 늘 나쁜 것만은 아니다. 더 큰 뭔가를 위해 기꺼이 고생을 견딜 수도 있다. 그런데 고흐나 베토벤 같은 위대한 예술가의 작품에 감탄하는 사람은 많아도 고흐나 베토벤처럼 **살려는** 사람은 별로 없다. 그들의 예술에 엄청난 고생이 수반되었기 때문이다. 게다가 고생하는 사람이 주변 사람들까지 고생시키지 않는 경우는 거의 없다.

열정이 우리 삶에서 어떤 역할을 하는지 살펴보는 데 이런 식의 출발이 부담스럽게 느껴질 수 있다. 예컨대 사진이나 노래나 요리나 여행에 대한 자신의 열정을 생각할 때, 그리스도의 십자가 고난을 떠올릴 사람이 누가 있겠는가? 하지만 열정의 참뜻에 고생이 들어 있음을 알면, 뭔가에 대한 호기심이나 가볍게 스쳐가는 흥미를 내면 깊이 타오르는 의욕이나 갈망과 구별하는 데 도움이 된다.

열정과 갈망

"갈망"(desire)과 "열정"(passion)은 서로 바꿔 쓸 수 있는 단어가 아니다. 열정을 더 강렬하고 지속적인 형태의 갈망으로 생각하면 둘을 구분할 수 있다.

어떤 갈망과 열정은 굳이 원하거나 찾지 않아도 저절로 생겨나는 것 같지만, 어떤 것은 환경과 경험을 살려 잘 가꾸어야 한다. 열정과 갈망이 어디서 오는지 생각해 보면 흥미롭다. 간단히 답하자면, 우리 삶의 수많은 것이 그렇듯 이 또한 천성과 양육의 조합에서 생겨난다고 볼 수 있다.

하나님은 어떻게 우리에게 갈망을 주실까? 그것을 보여 주는 가장 설득력 있는 예화 중 하나가 헨리 블랙커비의 고전 『하나님을 경험하는 삶』에 나온다. 내가 좋아하는 그 잊지 못할 이야기는 블랙커비가 시편 37편 4절의 의미를 설명하는 대목에 소개된다. "또 여호와를 기뻐하라. 그가 네 마음의 소원〔갈망〕을 네게 이루어 주시리로다." 하나님은 마치 호리병 속의 요정이라도 되는 듯 자신의 뜻과 무관하게 인간에게 갈망을 주시는 게 아니다. 이 시편 말씀은 하나님이 우리에게 좋은 것을 주시려고 그것에 대한 갈망을 우리 안에 불러일으키신다는 뜻이다. 블랙커비는 자신이 일곱 살 난 아들에게 정확히 아들이 원하는 선물을 준 일을 예화로 든다. 선물은 파란색 슈윈 자전거였다. 그런데 이야기의 골자는 선물을 준 것 자체가 아니라 처음부터 선물을 주려고 아버지가 아들에게 미리 갈망을 심어 주었다는 것이다. 블랙커비는 자전거를 사서 차고에 숨겨 둔 **뒤** 아들의 마음속에 자전거에 대한 갈망을 불러일으켰다. 아버지에게 자전거 얘기를 자꾸 듣다 보니 아들도 자전거가 갖고 싶어졌다. 그러다 생일날 "마음의 소원"이 이루어졌을 때 아이가 얼마나 기뻤을지 상상해 보라. 사실 그 마음의 소원은 아버지가 주고 싶었던 바로 그 선물이었다.[7] 물론 완벽한 비유는 아니다. 하지만 하나님은 정말 우리 각자를 그분의 계획과 목적을 따라 지으셨고, 그 목적 쪽으로 이끄시고자 우리에게 갈망을 주신다.

열정과 갈망의 차이점이 또 있다. 열정이 창공을 높이 날면서 모든 사람에게 열심히 손을 흔드는 쪽이라면, 갈망은 대개 더 안으로 조용히 흐르면서 어쩌면 본인에게조차 숨어 있다. 우리가 일자리나 멤버십이나 명품 백 등을 손에 넣으려 할 때 딱히 그것을 원해서가 아니라 그게 있어야 소속감이나 수용감 같은 더 깊은 갈망이 채워질 것 같아서일 때가 얼마나 많은가?

우리 인간은 음식, 섹스, 온정, 사랑, 오락, SUV, 귀여운 앤트로폴로지 스웨터 등 많은 것을 갈망하는데, 그중에는 꼭 필요한 것도 있고 그냥 욕심나는 것도 있다. 생물학적 인간으로 존재하는 데 기본으로 따라오는 갈망도 있고, 현대 생활에 필수인 갈망도 있다. 그런가 하면 마케팅, 또래 집단, 사회적 또는 심리적 피드백 순환을 통해 생겨나거나 아예 인위적으로 조장되는 갈망도 있다. 어떤 갈망은 열정의 수준에 도달할 필요도 없고 끝내 도달하지도 않지만, 어떤 갈망은 열정으로 발전한다.

그런데 우리는 과장의 시대에 살고 있다. 지금은 모든 것이 **사상 최고** 아니면 **사상 최악**인 시대다. 눈코 뜰 새 없이 바쁜 두 친구가 마침내 함께 커피라도 한잔할 날을 잡으면, 거기에 "장엄하다"(awesome, '대단하다, 잘됐다'는 뜻으로 일상에서 널리 쓰인다─옮긴이)는 단어를 붙이는 시대다. 그러니 하나님의 영광처럼 정말 장엄한 것을 표현할 단어는 남아나지 않는다. (나라고 그런 성향에서 자유로운 것은 아니다! 제일 좋아하는 소설이나 누구나 읽어야 할 소설이 무엇이냐고 내게 묻는다면, 내가 제시할 목록은 전부 "제일 좋아하는" 소설뿐이다!)

사실 우리는 많은 것에, 심지어 모든 것에 열정을 품을 필요는 없다. 오히려 갈망과 의욕의 정도를 구분하는 게 좋고 건전하다.

열정이 능사는 아니다

물론 열정도, 열정의 추구도 잘만 쓰면 유익하다. 열정은 연료와 같다. 우리를 목적 쪽으로 떠미는 동력이다. 목적이 **이유**라면, 열정은 **방법**이다. 목적 없는 열정은 그냥 통 속의 기름에 불과하고, 과도한 열정은 연료처럼 우리를 태워버릴 수 있다. 열정이 우리를 엉뚱한 방향으로 몰아갈 수도 있다. 좋은 일에 열정을 쏟아붓느라 삶의 다른 좋은 것들을 소홀히 할 수도 있다. 연료가 마구 쏟아져 불이 나는 것과 같다. 추구하던 열정이 계획대로 풀리지 않아 패배감이 들 수도 있다. 심지어 특정한 열정이 없거나 열정의 강도가 일정 수준에 이르지 못한다는 이유로 자신이 함량 미달처럼 느껴질 수도 있다.

특히 현대 세계에서는 "나만의 열정을 찾아야" 한다거나 "(무엇무엇에) 열정이 있어야" 한다는 부담이 클 수 있다.

일례로 생각나는 친구가 있다. 그녀는 매사에 열정이 뜨겁지 못한 자신에게 뭔가 문제가 있나 싶어, 몇 년째 자신의 신앙과 일과 관심사에 대해 일부러라도 격렬한 감정을 불러일으키려 했다. 하지만 알고 보면 그녀는 늘 평온하고 차분한 사람일 뿐이다. (세상에는 그런 사람이 더 많이 필요하다!) 천성적으로 남보다 의욕적이고 격렬한 이들이 있다. 열정의 대척점에 놓인 냉담과 우울은 바람직하거나 건강하지 못하지만, 그렇다고 기질상 침착한 사람까지 단지 열정을 품기 위해 일부러 격렬한 느낌을 짜내야 하는 것은 아니다.

내 오랜 지인인 어떤 부모도 생각난다. 그들은 자녀를 각종 강습과 활동과 스포츠로 실어 날랐다. 그런데 부모가 자녀에게 무엇에든 열정과 관심을 길러 주려고 애쓸수록 자녀는 더 권태와 무기력에 빠지는 것 같았다. 물론 관심이나 호기심이나 갈망이 없는 삶은 아예 삶이라 할 수 없다. 하지만 불타는 열정에 이끌리는 것이 만인의 기질은 아니다. 열정이 속에서 싹트는 데 오래 걸릴 때도 있다. 그런 열정은 충분히 알차게 무르익어야 비로소 우리에게 자신의 정체를 드러낸다.

요컨대 열정이나 갈망 자체는 좋거나 나쁜 게 아니다. 좋은 갈망인지 아닌지는 충성과 마찬가지로 대상에 달려 있다. 나아가 열정이 유익하고 건전하려면 절제가 필요하다. 삶 전반의 모든 책임과 관계에도 갈망과 요구가 수반되는 만큼, 우리의 열정을 거기에 맞추어 조절해야 한다.

열정은 변한다

열정을 기르고 가꿀 수도 있지만 살아가면서 열정이 식을 수도 있다. 그래서 우리의 정체성을 열정에 두지 않도록 조심해야 한다.

나는 동물 전반에 대해 열정적이다. 그것이 나라는 사람의 핵심이다 싶을 정도로 항상 그랬다. 하지만 삶과 일의 다양한 시기를 거치면서 이 열정의 형태와 표현 방식은 달라졌다. 거의 한평생 나는 소위 "애마인"이었다. 유년기의 가장 이른 기억 중 일부도 말에 대한 열정과 얽혀 있다. 말이 등장하는 책이라면 닥치는 대로 다 읽었고, 가족 휴가를 말 농장으로 가곤 했고, 열한 살 때 처음으로 내 말이 생겼고, 대학과 대학원 시절에 말 농장에서 일했다. 정식 직장에 처음 취직되어 몇 주(州) 떨어진 새 집으로 이사할 때는 회사에서 지급된 이주 지원금의 절반을 말 운송에 들였을 정도다. 하지만 내 마지막 말인 영특하고 귀여운 파소피노종(種) 데스페라도가 고령으로 죽은 뒤로는 내 삶도 열정도 많이 달라져, 이제 더는 말을 들이지 않기로 했다. 말이 없이 산 지 어언 10년째다. 그런데 어떻게 됐을까? 말이 전혀 그립지 않다. 정말이다. 집에 말이 있으면 할 일이 많다. 특히 그 부분이 그립지 않다.

하지만 개에 대해서라면 이야기가 달라진다. 나는 내 루비와 에바에 대해 열정적이다. 내 인생에 중대하고 오래가는 트라우마는 사실 몇 안 되는데, 그중 하나는 버스에 치였던 일이고 다른 하나는 나흘 동안 루비를 잃었던 일이다. 당시 개구쟁이 강아지였던 루비가 숲속에서 사라진 것이다. 두 사건 중 더 깊고 오래가는 트라우마를 꼽는다면 당연히 루비의 실종이다. 끝내 찾지 못할 수도 있었다. 오, 얼마나 사랑으로 애태웠던가. 루비를 다시 돌아오게 하신 하나님께 얼마나 감사한가. 돌아온 루비는 전혀 다친 데 없이 멀쩡했다. 지금도 그 생각이 정말 하루도 떠나지 않는다.

열정은 우리 안에서 시작되어 밖으로 표출된다. 우리의 열정이 깊거나 넓다 해서 그 열정의 대상이 객관적으로 선해지는 것은 아니다. 열정은 주관적, 개인적, 가변적이다. (제인 오스틴의 소설 『이성과 감성』에서 어리석은 메리앤 대시우드의 대사 "오, 윌러비, 윌러비여!"를 읽고 나면 누구도 열정을 다시 나이브하게 생각할 수 없다.[8] 더 중요한 것은 열정이 꼭 하나일 필요가 없다는 것이다. 베스트셀러 작가이자 아티스트인 오스틴 클레온은 이렇게 썼다. "당신의 진정한 열정이 두세 가지라면, 그중에서 골라야 한다고 생각하지 말라. 하나도 버리지 말고 그 모든 열정을 삶 속에 품으라."[9]

이런 인식이 있으면 열정을 품는 데만 아니라 열정을 느슨하게 쥐고 경이와 희열을 맛보는 데도 도움이 된다. 경이와 희열은 열정 자체에서 오는 게 아니라 열정이 우리를 세상의 진리, 선, 아름다움 쪽으로 이끌어 주는 데서 온다.

열정 없이 하는 일과 소명

앞서 보았듯이 열정은 범위가 넓다. 예수님의 수난과 죽음도 열정이고, 연애 감정도 열정이고, 사진 애호 같은 깊은 관심도 열정이다. '열정의 추구'는 자신이 즐기는 일을 유급으로 한다는 뜻일 수 있지만, 애호하는 것이나 사랑하는 사람을 위해 그냥 시간을 투자하고 자원을 바쳐 희생한다는 뜻일 수도 있다.

그런데 오늘날 "열정을 추구하라"라는 말은 "좋아하는 일을 유급으로 하라"는 뜻으로 해석되거나 단정될 때가 많다. 물론 좋아하는 일을 유급으로 하는 게 잘못은 아니고, 오히려 다분히 복되고 바람직하다! (다행히 나도 그 복을 누리며 살아온 기간이 더 길다.) 하지만 우리가 살아가면서 해야 하는 많은 일 중 태반은 우리에게 열정이 없는 일이고, 열정은 있지만 유급이 아닌 일도 많다.

이런 단어와 문구의 다양한 의미와 전제를 잘 분석하는 게 중요하다. 편협한 통념을 따라가면 우리의 인식과 기대가 비뚤어지기 쉽기 때문이다. 어떤 이들은 자신의 직업에 열정이 없다 보니 "열정을 추구하라"라는 말을 들으면 패배감이 든다. 내게 그렇게 털어놓은 이들이 수없이 많다. 그런 조언을 하도 많이 들어서 정작 다음 사실을 한 번도 곰곰이 생각해 보지 못했다는 이들도 있다. 그것은 바로 열정이 없는데도 그냥 생계를 위해 일하는 사람이 많다 못해 대부분이라는 사실이다. ("생계"라는 표현에 주목하라. 생계와 "삶"은 다르다.)

설상가상으로 내가 아는 어떤 이들은 현직과 열정이 일치하지 않으면 하나님의 뜻대로 사는 게 아니라는 말까지 들었다. 물론 우리는 청지기로서 열정과 그 열정을 추구할 기회를 잘 살려야 한다. 우리가 태어난 시대와 지역에서 그게 가능하다는 것 자체도 하나님의 주권적 뜻에서 난 선물인 만큼, 마땅히 우리는 청지기 직분을 다해야 한다. 그러나 지구상에 가득한 절대다수의 일꾼과 부양자를 떠올려 보라. 그들은 자신과 부양가족의 생계를 해결하고자 날마다 힘써 일하는데, 돈벌이 일에 **열정**이 없다는 이유로 그들의 삶이 하나님의 뜻에 어긋난다고 말할 수 있겠는가?

스포츠 분야는 우리에게 아마추어의 미덕을 일깨워 준다. 아마추어는 돈을 받는 프로가 아니라 운동이 좋아서 하는 사람이다. 엄격한 규정으로 아마추어와 프로를 구분하는 스포츠 협회가 많이 있다. 예컨대 고대로부터 20세기까지 올림픽대회는 프로의 출전이 금지된 아마추어만의 행사였다. 지난 수십 년 사이에 그게 달라진 데는 몇 가지 이유가 있다. 가장 큰 요인은 경기 중계일 것이다. 프로 선수가 나오면 시청자가 더 많아진다. 프로를 금하는 규정은 재정이나 정치 요인 때문에도 퇴색할 수 있지만, 어쨌든 아마추어와 프로의 오랜 구분을 염두에 두면 우리에게 도움이 된다.

그 구분의 핵심에는 순전히 애호에서 비롯한 열정도 위대할 수 있다는 인식이 자리하고 있다. 사실 "아마추어"란 단어는 "사랑"을 뜻하는 프랑스어 단어에서 왔다. 실제로 한 연구에서 응답자들이 거명한 모든 열정 중 96퍼센트는 그들의 일과 무관했고 오히려 취미나 기타 관심사와 관련되어 있었다.[10] 돈벌이 일과 열정이 일치하지 않는 것은 결코 실패나 죄가 아니다.

내 친구 민디 로렌스는 예술과 문학과 춤의 열렬한 애호가다. 지난 20년 동안 네 명의 자녀를 기르고 홈스쿨링 조합에서 봉사하면서 그녀는 매년 학년 말에 학생들이 공연할 연극을 쓰고 각색하고 연출했다. 유급은 아니지만, 그냥 자신의 자녀를 비롯한 교육 공동체 회원들의 교육에 기여할 따름이다. 하지만 놀랍게도 내가 아는 공연 예술 애호가를 통틀어 민디만큼 연극을 쓰고 연출할 기회가 많은 사람은 거의 없다. 그녀처럼 극작가와 연출가로서 자신의 열정을 활짝 꽃피운다는 것은 웬만한 사람에게는 그저 꿈일 뿐이다. 아울러 이것은 인근 댄스 스튜디오에서 그녀가 여러 원작을 공동 집필하고 공동 연출하는 기회로까지 이어졌다. 그런데 민디가 자신이 열정으로 하는 이 일을 참된 소명으로 보게 된 것은 근래에 와서다. 정말 그것은 그녀의 소명이다.

돈벌이로 하는 일과 좋아서 하는 일

우리 안에 갈망이나 열정이 있다 해서 그 열정을 실현하도록 꼭 외부에서 누가 우리를 부르는 것은 아니다. 십중팔구는 아니다. 어떤 이들은 『반지의 제왕』에 열정이 있다. (그런 사람이 정말 많다!) 하지만 이 작품의 영화화에 제작진이나 출연자로 참여하도록 불려갈 사람은 0.00001퍼센트에 불과하다. 그런데 이 작품을 화제로 삼거나 SNS에 게시하거나 독서 클럽에서 읽거나 그것을 각색한 영화를 비평하는 일이라면 누구라도 해가 지도록 할 수 있다! 바로 이것이 열정이다. 직업과는 다르다.

또 다른 예로 나는 달리기에 열정이 있다. 중학교 때 응원단에 지원했다 떨어져 대신 아무나 받아 주는 크로스컨트리 팀에 들어간 뒤로 평생 거의 매일 달린다. 하지만 나를 불러 육상 선수로 삼을 사람은 천하에 아무도 없다. 달리는 나를 보면 이유가 분명해진다. (그래도 고등학교 졸업반 때는 팀에서 실제로 제법 잘 달렸다!) 요즘 내가 달리는 목적은 경기에서 이기기 위해서나 훈련해서 경주에 출전하기 위해서가 아니다. 꼭 필요한 균형 잡힌 삶을 달리기의 열정을 통해 이루려는 것뿐이다. 앉은 자세로 읽고 쓰는 실내의 삶에서 벗어나 바깥에 나가서 뇌를 쉬게 하고 몸을 움직이는 것이다.

톨킨 덕질이나 달리기처럼 좋아서 재미로 하는 일을 전에는 "취미"라 불렀다. 지금은 듣기 힘든 한물간 단어다. "부업"이라는 전문 용어도 있으나 역시 더는 듣기 힘들다. 일이나 직업을 가리키는 "천직"(vocation)과 달리 "부업"(avocation)은 순전히 애호와 열정으로 일 이외의 것을 추구한다는 의미다. 본래 부업은 자신의 소명이나 일에서 이탈한다는 뜻이었다. 보다시피 이런 구분에는 돈벌이로 하는 일과 좋아서 하는 일이 꼭 일치하지는 않거나 심지어 일치하지 않을 때가 더 많다는 전제가 깔려 있다. 사실 좋아하는 일을 유급으로 하는 것은 유구한 인류사에서 규범이 아니라 예외였다.

열정이 변하는 단적인 예를 커피 애호가들에게서 볼 수 있다.

어떤 이들은 커피를 볶고 끓이고 차려 내는 데 열정이 있어 그 열정을 돈벌이 일로 전환했다. 어떤 이들은 커피를 마시는 데 열정이 있어 선호하는 커피에 대해 미묘한 차이까지 통달하지만, 그렇게 심취하거나 지식을 나눈다 해서 누가 돈을 주는 것은 아니다. (스물두 살 때부터 지금까지 커피를 즐기는 나처럼) 어떤 이들은 커피에 열정은 있으나 그 열정이 자신도 모르게 변할 수 있다. 나이가 들면서 평소 애호하던 블랙커피를 하루에 반 잔밖에 마실 수 없는 때가 오는 것이다! 요컨대 똑같은 대상에 대한 열정도 사람마다 형태가 다를 수 있고, 그런 형태도 열정 자체도 살아가면서 변할 수 있다. (여담이지만 대다수 사람에게 커피의 취향은 타고나는 게 아니라 개발되는 것이다. 열정이 천성보다는 양육에서 더 기인한다는 또 하나의 증거다.)

최근에 나는 빵을 즐겨 굽는 사람을 만났는데 솜씨가 뛰어나다. 특히 그녀는 케이크와 컵케이크를 구워 이웃들과 가난한 이들에게 나누어 주기를 좋아한다. 친구들은 그녀에게 제빵 사업을 해 보라고 권한다. 그녀가 마다하는 이유를 그들은 이해하지 못한다. 그녀는 왜 마다할까? 순전히 좋아서 기분 전환으로 빵을 굽기 때문이다. 그 조용한 시간에 그녀는 생각하고 묵상하고 기도하고 하나님과 교제한다. 좋아하는 일이라 해서 다 돈벌이로 전환해야 하는 것은 아니다.

바울과 예수님께도 돈벌이 일은 따로 있었다.

열정 가설의 함정

대학을 중퇴하고 차고에서 컴퓨터 사업을 시작한 뒤 애플을 설립한 스티브 잡스의 전설적 이야기를 생각해 보라. 애플은 세상과 우리 모두의 삶을 변화시킨 회사다. 그런데 그의 이야기에는 내가 칼 뉴포트의 『열정의 배신』을 읽고서야 알게 된 중요한 대목이 있다. 뉴포트에 따르면 본래 잡스의 열정은 컴퓨터나 사업이나 창업과는 전혀 무관했다. 어쩌다 그 분야에 들어서기 전까지 잡스는 인도 방문, 선(禪) 수련원, 공동체 생활 등 영성 탐구에 힘쓴 지 여러 해였다. 결국 그가 열정을 품고 탁월하게 일한 분야는 적어도 겉보기에는 처음 추구한 이 열정과는 정반대였다. 이런 사례는 그 밖에도 무수히 많다. 그래서 뉴포트는 열정 추구의 신화로는 "실제로 대다수 사람이 만족스러운 커리어에 안착하는 과정을 설명할 수 없을 뿐 아니라 많은 사람의 경우 오히려 사태를 악화시킨다"고 본다. "자신의 꿈이 현실적으로 불가능할 때조차도…… 자꾸 이직을 되풀이하며 집요한 불안에 시달리기 때문이다."[11] 뉴포트의 연구 결과에서 보듯이 "자신이 결국 무슨 일을 좋아하게될지를 사전에 예측하기란 어렵다."[12]

내 친구 줄리 앤 스미스도 그런 일을 직접 겪었다. 50대에 결혼 생활의 파경을 맞은 그녀는 자신과 자녀를 부양할길을 찾아야 했다. 조사해 보니 사이버 보안이 수요가 많은분야인 데다 나이가 들어서도 계속할 수 있는 전문직으로 나왔다. 처음 그 분야를 공부할 때 줄리는 사이버 보안에 대해문외한이었다. 오히려 컴퓨터를 싫어했고 한 모니터에서 다른 모니터로 커서를 이동할 줄도 몰랐다. 그런데 몇 년이 지난 지금은 사이버 보안 분석가로서 자신의 일을 좋아할 뿐 아니라 그것이 중요하고 보람된 일임을 알기에 만족도도 높다. 물론 실력도 좋다.

자신의 열정을 따라가야 한다는 개념은 오늘날 표준 공식으로 통한다. 하지만 뉴포트는 이 "열정 가설"이 장기적으로 통할 리 없다고 본다. 그에 따르면 안타깝게도 이 유언비어는 "사람들을 어딘가에 '나만의' 직업이 마법처럼 나를 기다리고 있다는 착각에 빠뜨린다. 찾아내기만 하면 즉시 **그 일이 내 운명임을** 알아볼 수 있다는 것이다. 물론 문제는 그것을 찾아내지 못할 경우 계속 직업을 옮겨 다니며 자신에 대한 회의에서 벗어나지 못하는 등 나쁜 결과가 뒤따른다는 것이다."[13]

당신을 기다리고 있는 마법의 공식이나 완벽한 직업이 없다는 것을 알면 해방을 누릴 수 있다. 그것을 알기에 다른 관심사를 개발하거나 다른 기술을 배우거나 다양한 경험을 축적할 수 있다. 그것까지도 다 하나님이 쓰시리라는 것을 알고, 이 모두를 계속 소명을 찾아 나가는 과정으로 보는 것이다.

나는 서맨사 클래슨이 이 과정을 설명하는 방식이 참 좋다. 그녀는 천직을 찾는 것을 베틀로 천을 짜는 불완전하고 때로 답답한 과정에 비유한다. 그녀의 말마따나 우리 삶을 돌아보면 태피스트리나 교직(交織) 옷감처럼 "경험과 경험이 서로 맞물려 전체의 일부를 이룰 때가 왕왕 있다. 어떤 때는 우리의 천직을 구성하는 여러 실 가닥이 아찔한 실패나 좌충 우돌처럼 보이기도 한다."[14]

　　나는 늘 대학생들에게 자신의 관심 분야를 전공하라고 조언한다. 단순히 이때가 그게 가능한 시기이기 때문이다. 하지만 그들(과 학부모들)에게 대다수 대학생이 전공을 바꾼 다는 말도 해 준다. 실제로 교양 과정의 구조는 다양한 기초 과목을 공부하여 학위와 직결되는 전공 과목에 대비하도록 짜여 있다. 일반 지식이 특수 분야의 지식을 떠받쳐 줄 뿐 아 니라, 다양한 과목을 접하다 보면 새로운 관심사와 적성을 발견할 수 있기 때문이다. 그래서 학위에 요구되는 교양 과 정은 그저 학생들이 때로 "평생 써먹을 데도 없을" 거라고 불 평하는 "필수" 과목만은 아니다. 시간이 지나면서 관심사가 바뀔 수도 있거니와 우리 대부분은 관심 분야를 공부하는 동 안 뭔가 배우게 마련이다. 그래서 나는 대학생들에게 기회가 있을 때 자신이 좋아하는 분야를 전공하라고 조언한다. 우려 하는 학부모들에게는 실용 노선이 꼭 실용적인 것만은 아니 라는 조언도 덧붙인다. 대부분의 4년제 학위는 사실상 동일 하다. 그러니 그 기간에 자신의 관심사를 공부할 기회를 날 려서는 안 된다. 4년제 학위의 취득이라는 단기간의 제한된 정황에서는 자신의 열정을 따라가는 게 정답이다. (대졸 학위 가 과거의 고등학교 졸업장과 같아진 이 시대에는 특히 더하다.) 한편

4년간의 열정 추구는 평생 갚을 융자 빚을 질 만한 일까지는 아닌데, 많은 젊은이와 그들에게 잘못 조언하는 이들이 이 교훈을 너무 늦게 깨닫는다. 물질적 성공에 이르는 왕도는 딱히 없다. 다만 자신에게 주어진 모든 것을 청지기로서 지혜롭게 활용하면 늘 좋은 열매가 맺힌다.

커피의 취향처럼 열정도 타고나기보다는 시간이 가면서 경험을 통해 개발되는 경우가 더 많다. 뉴포트가 역설했듯이 우리의 정체성과 애호와 열정은 복잡해서 흑백 논리나 가부간의 답으로 축소될 수 없다. 그러므로 직업과 커리어와 심지어 천직을 가부간의 답만 물어 정하는 것은 대개 지혜롭지 못하다.

갈망도 열정도 외부 요인에 기인한다

우리의 갈망이 으레 싹트고 자라는 것은 타고난 본성을 통해서만이 아니라 외부 요인을 통해서이기도 하다. 외부 요인은 우리 모두를 독특한 존재로 지으신 하나님, 그리고 (블랙커비가 예로 든) 부모, 친구, 동료, 사회, SNS, 예술, 문화, 광고 등이다. 광고가 너무 많다! 당신도 텔레비전에 치킨 광고가 나오면 나처럼 금방 군침이 도는가? 딱 한 번 검색한 뒤로 웹사이트마다 등장하는 신발에 넘어가 기어이 구매하고야 마는가? 우리가 갈망하는 것의 태반은 주변 문화의 영향을 받은 것이다.

한 젊은이로부터 자신의 목표는 유명한 유튜버가 되는 거라는 말을 처음 듣던 때가 기억에 선하다. 지금은 좀 더 이해하지만 그때는 정말 믿어지지 않았다. (누군들 그런 말을 들어 보았겠는가?) 비슷하게 약 10년 전에 한 학생 간행물에서 나를 인터뷰한 일도 기억난다. 나를 인터뷰한 학생은 "인플루언서"가 되는 방법을 물었다. 나는 말 그대로 어떻게 남에게 영향을 미칠 수 있는지를 묻는 줄 알았다. 그래서 주변 사람과 좋은 관계를 맺고, 의미 있는 대화를 나누고, 관심 있게 경청해야 한다고 공들여 답변했다. 서로 영향을 미치는 방법을 그 청년이 모른다는 게 놀라웠다. 나중에야 "인플루언서" 개념을 처음 접하면서 그때의 대화가 떠올랐다.

내 요가 강사는 하루에 몇 시간씩 수행하는 엄격한 요가를 인도에서 수련하여 달인의 경지에 이르렀다. 근래에 그녀는 만일 자신이 요가를 중년이 아니라 다섯 살 때부터 시작했다면 훨씬 더 잘했을 거라며, "하지만 1960년대의 버지니아주 시골에는 요가를 하는 사람이 없었거든요"라고 씁쓸하게 말했다.

요컨대 우리의 갈망과 열정은 외부 요인에서 기인할 때가 생각보다 훨씬 많다. 오늘날의 사람들에게는 있으나 한 세기나 하다못해 수십 년 전에는 가능하지 않았을 여러 열정을 생각해 보라. 최신 트렌드와 첨단 기술에 의존하는 유튜버나 인플루언서가 좋은 예다. 게다가 역사는 2010년보다 훨씬 이전으로 거슬러 올라간다. 2백 년 전 사람들이 비행기를 조종하거나 우주 비행사가 되려는 열정을 품었을까? 아닐 것이다. 반면 미국의 수녀 숫자는 지난 50년간 76퍼센트나 감소했다.[15] 수녀라는 천직은 여전히 존재하지만 사회가 변하다 보니 이 소명을 추구하려는 사람이 줄어든 것이다.

우리의 갈망은 전체적으로 변하고 있다.

세상이 변하니 그야 당연한 일이다.

세계 문학의 걸작인 『돈키호테』는 시대가 변했는데도 기사로서 기사도의 열정을 추구하기로 작정한 한 남자의 재미있고 코믹한 이야기로 읽을 수도 있다. 그는 한 농부를 불러다 자신을 거들 시종으로 삼는다. 둘이서 떠나는 신나는 모험은 현실보다 뜬구름 잡는 상상에, 현재보다 과거에 근거한 행동이다. 돈키호테처럼 우리 모두도 어느새 있지도 않은 적과 싸우곤 한다.

시대와 지역, 환경의 영향 또한 크다

열정을 실현하고 소명을 발견하는 일은 시대와 지역에 따라 크게 달라진다. 자신의 영혼이 빚어진 방식이 다른 시대에 더 잘 어울릴 것 같아 자신이 시대를 잘못 타고났다고 느끼는 이들이 있다. 하지만 과거나 미래로 이동할 수는 없다. 누구나 지금 주어진 세상에서 제자리를 찾아야 한다.

책을 읽으려는 내 열정은 타고난 것일 수 있다. 내 뇌와 성격이 그렇게 빚어졌고 하나님이 모태에서 나를 그렇게 지으셨을 수 있다. 확실히는 모른다. 하지만 하나님이 나를 특정한 시대와 지역에서 태어나도록 섭리하시고 부모를 통해 내 안에 이 열정을 길러 주신 것만은 확실하다. 내 어머니는 처음부터 꾸준히 내게 책을 읽어 주셨고 아버지도 가끔 읽어 주셨다. 글을 깨친 뒤로는 책을 읽지 않은 적이 없다.

하지만 다른 시대 다른 지역의 많은 사람은 책을 읽을 수 없어 읽지 못했고, 읽을 수 있다 해도 나처럼 많은 책을 접할 수 없었다. 예컨대 프레더릭 더글러스는 "노예에게 읽기를 가르치는 게 위험할 뿐 아니라 불법이던" 시절에 노예 아이로서 기어이 읽기를 배웠다.[16] 그에 비하면 내 독서열과 읽기 능력은 그 근처에도 가지 못할 것이다. 그는 독서에 생사가 달린 것처럼 책을 읽었다. 정말 독서에 생사가 달려 있었기 때문이다. 그러다 목숨을 잃을 수도 있었다. 그렇게 목숨을 걸고 익힌 능력 덕분에 결국 그는 노예 폐지론자와 개혁가와 설교자가 되어 역사의 흐름을 바꾸어 놓았다.

무엇에든 탁월해지려면 1만 시간을 연습해야 한다는 원리를 "1만 시간의 법칙"이라 한다. 맬컴 글래드웰의 책 『아웃라이어』를 통해 대중에 알려진 개념인데, 거기에 전제되는 핵심 요인은 곧 기회를 부여하거나 박탈하는 환경이다. 누구든 일단 그런 연습이 가능한 환경 속에 존재해야 한다는 것이다. 실제로 자신의 열정을 마음껏 추구할 기회가 아예 없는 사람도 많고, 순전히 환경이 잠재력을 끌어내 주지 못해 잠재력이 있는지도 모른 채 사장되는 경우도 있다.

열정과 재능만으로는 소명을 찾을 수 없다

토머스 그레이가 1751년에 발표한 가장 유명한 시 「시골 교회 묘지에서 쓴 비가」에 그것이 잘 표현돼 있다. 시에 묘사된 저녁 풍경의 배경은 제목 그대로 어느 시골 교회 경내의 소박한 묘지다. 묘지에는 거기 묻힌 지 오래된 미천한 농사꾼과 아낙과 노동자와 아이들의 낡은 묘비가 늘어서 있다. 평생 이름 없이 힘들게 일하다 삶을 마친 이 마을의 "무지렁이 선조들"을 세상은 영영 알 턱이 없다.

그곳에 묻힌 이들이 날마다 했을 법한 일이 시에 그려져 있다.

이제 그들은 난로에 벌건 불을 지피지 않고
　저물녘 아낙도 바삐 힘쓸 집안일이 없으며
집에 돌아온 아버지에게 달려가 조잘대거나
　우르르 기어올라 입 맞출 아이들도 없으리.

그들의 낫질에 가을걷이가 이루어지고
　굳은 땅도 쟁기질에 바수어졌으니
밭에서 소를 몰 때 얼마나 즐거웠던가!

힘센 도끼질에 장작도 고개를 숙였지!

　이름 없는 마을 사람들의 삶과 노동은 이렇게 시인의 말을 통해 존엄성을 얻는다. 이어 시는 성공과 야욕에 눈멀어 이런 평범한 시골뜨기를 비웃을지도 모르는 세상의 상류층을 꾸짖는다.

　야망이여, 그들의 값진 수고 소박한 기쁨
　　보잘것없는 운명을 비웃지 말라.
　위세여, 가난한 이들의 짧고 수수한 이력을
　　깔보듯 비웃으며 듣지 말라.

　전체 시의 핵심부에 암시되어 있듯이, 환경을 제외하고는 이런 무명의 영혼들도 역사에 기억되는 위대한 이름들과 별로 다를 바가 없을지도 모른다. 실제로 환경이 달랐더라면 이곳에 묻힌 이들 중 일부는 역사의 가장 위대한 시인과 전사와 왕들이 이룬 일을 이루었을 수도 있다.

　돌보는 이 없는 이곳에 누운 이들도
　　한때 마음에 하늘의 불을 품었으리니
　그 손으로 제국의 권력을 휘두르거나
　　구성지게 수금을 탈 수도 있었으리라.

허나 지식은 세월의 보화로 가득한 책장을

　그들의 눈앞에 펼쳐 주지 않았으니

기구한 가난이 그들의 의분을 짓누르고

　영혼의 따뜻한 피마저 얼어붙게 했도다.

……

햄프던처럼 마을의 포악한 농장주에게

　불굴의 정열로 저항했을 사람도 예 잠들었으리.

말 못하는 무명일 뿐이지 밀턴 같은 사람도

　크롬웰처럼 조국의 유혈 사태를 막았을 사람도.[17]

다시 말해서 이들 가난한 군상 중 더러는 위대한 시인 존 밀턴이나 청교도 지도자 올리버 크롬웰처럼 역사에 알려진 위인들과 똑같은 열정과 잠재력을 타고났을 것이다. 다만 이 시골 사람들이 태어나 부름받은 삶은 이름 없이 살다가 죽는 삶이었고, 그래서 타고난 재능이 묻혔을 수 있다. 이 땅을 살아가는 우리도 대부분 그와 같을 것이다.

오스 기니스의 말처럼 "재능만으로는 소명을 알아내기 어렵다. 집안의 정신적 유산, 삶에 찾아오는 기회, 하나님의 인도, 무조건 그분이 보여 주시는 길로 가려는 각오 등 다른 요인도 함께 작용한다."[18]

이 엄연한 사실이 소명의 참뜻과 맞닿아 있다.

4. 용어 정의

중요한 단어일수록 의미도 많다는 것을 아는가? 그도 그럴 것이 인간에게 가장 뜻깊은 개념일수록 존재한 지 오래됐고, 그것을 숙고하고 조사하고 탐색하고 논의한 지도 똑같이 오래됐기 때문이다. 직업과 소명 등 일과 관련된 개념에도 당연히 많은 용어가 생겨났고 의미와 쓰임새도 다양하다. 그런 용어가 어떻게 쓰이고 있는지 알려면 맥락을 파악하는 것이 중요하다.

"천직"(vocation)과 "소명"(calling)은 아주 다양한 맥락에서 쓰이며, 맥락에 따라 의미가 달라질 수 있다. 예컨대 이 책에서 나는 "천직"을 "부업"(avocation)과 대비해서 쓸 때도 있지만, 천직에 대한 내 전반적 논지는 그것이 유급 여부와 직종을 초월한다는 것이다. 유급만 아니라 무급으로도 천직에 종사할 수 있다. 우리의 첫 천직들 중 대부분은 실제로 일이나 커리어와 전혀 무관하다. 내가 모태에서 빚어질 때 하나님은 나를 불러 부모의 딸이자 두 오빠의 동생이 되게 하셨다. 가족 관계는 소명(calling)이다. 나중에 주님은 아이인 나를 그분 자신께로 부르셨고, 나는 세상에서 가장 중요한 소명인 그리스도인이 되었다. 천주교와 마르틴 루터가 공히 가르쳤듯이, 결혼도 천직이다. 결혼으로 부름받은 이들도 있고 그렇지 않은 이들도 있다. "소명"이란 단어는 이렇듯 다양하게 쓰이지만 전반적 의미는 동일하다.

천직은 취미에서 시작해서 직업이나 커리어로 발전할 수도 있고, 우리 삶을 거기에 다 바치고도 돈을 벌거나 남에게 인정받는 것과는 거리가 멀 수도 있다. 천직은 취미, 직업, 커리어 등과 겹칠 수도 있으나 늘 그 모든 것을 초월한다.

앞서 보았듯이 일(work)은 인간으로 존재하는 데 꼭 필요한 요소이며, 일의 창조적 성격을 통해 창조주를 닮는 길이기도 하다. 따라서 일을 여러 범주로 나눌 수 있다. 우리는 삶의 많은 분야에서 일한다.

일의 분류

『먹고 기도하고 사랑하라』의 저자 엘리자베스 길버트는 짤막한 비디오 인터뷰에서 일을 취미, 직업, 커리어, 천직의 네 범주로 유익하게 정의한다.[1] 여기서는 길버트를 따라 그 넷을 짤막하게 설명한 뒤, 이후 여러 장에서 그중 일부에 더 살을 입히려 한다.

취미. 길버트가 말하는 취미는 순전히 즐기려고 추구하는 관심사다. 취미에도 많은 수고가 따르지만, 그럼에도 취미가 재미있는 이유는 "잃을 게 없기" 때문이다. 무엇이든 취미로 할 때는 돈을 벌지 않아도 되고, 청중을 끌지 않아도 되고, 이름을 날리지 않아도 된다. 취미는 온전히 나만의 즐거움을 위한 것일 수 있다. 화초를 기르는 데 숙맥인 내가 꽃밭을 가꾸는 것이 그에 해당한다.

직업. 길버트에 따르면 네 범주 중에서 꼭 필요한 것은 직업뿐이다. 누구나 의식주를 해결할 방책이 필요하다. 그녀가 지적했듯이 우리 중에 "금수저"는 극소수다. 절대다수의 작가와 예술가도 돈벌이 일은 따로 있다. 직업은 대단하거나 만족스럽지 않아도 된다고 그녀는 말한다. 수입만 있으면 된다. 더 나은 일자리가 나올수록 좋다. 자신이 좋아하는 일일랑 직업과 별개로 하면서 살면 된다.

커리어. 길버트는 커리어를 "본인이 열정을 품고 좋아하는 직업"으로 정의한다. 커리어는 자신이 좋아하는 일이므로 그것을 위해 희생할 가치가 있다. 길버트에 따르면, 싫어

하는 직업은 가져도 되지만 커리어는 싫으면 안 된다. 좋아하지도 않는 커리어를 붙들고 있어서는 안 된다. 나는 여기에 직업과 커리어의 유익한 구분을 하나 더 보태고 싶다. 단어 "커리어"(career)는 '코스를 달린다'는 뜻의 단어에서 유래했고, '한쪽으로 기운다'(careen)는 단어도 어근이 같다.[2] 이렇듯 본래 커리어에는 코스, 궤도, 방향의 의미가 들어 있다. 지금의 일이 당신을 당신이 좋아하지 않는 코스로 데려가고 있다면, 계속 더 엉뚱한 방향으로 멀어지기 전에 얼른 기차에서 내려야 할 수도 있다.

천직. "영적이되 종교적이지는 않은" 길버트의 관점은 천직을 "신성한 초대"이자 외부의 부름으로 본다는 점에서 기독교적 관점과 사실상 일치한다. 그녀가 말하는 천직이란 "당신의 귀에 대고 '나는 네가 이것을 했으면 좋겠다. 네 소질과 재능을 써서 내가 이것을 만들고 싶다. 나는 네가 이런 식으로 창조 이야기에 동참하기를 원한다'라고 말하는 우주의 목소리"다. '직업'은 남이 줄 수 있지만 아무도 당신에게 '천직'을 줄 수는 없고, 심지어 '커리어'도 외부 요인 때문에 끝날 수 있지만 당신의 '천직'만은 아무도 빼앗을 수 없다. 길버트의 경우도 작가라는 '직업'으로 돈을 벌기 전부터 '천직'은 작가였고, 그 천직을 살리려고 이것저것 많은 직업에 종사했다. 마침내 글을 쓰는 '커리어'에 들어섰지만, 그녀의 말대로 이것도 언젠가는 끝날 수 있다. 독자들이 그녀의 작품을 더는 좋아하지 않을 수도 있고, 출판업 자체가 소멸할 수도 있다. 하지만 그래도 그녀는 글을 쓸 것이다. 그것이 그녀의 천직이기 때문이다. "우주"가 그녀를 불러 그 일을 하게 했으니, 알아주는 사람이 없어도 상관없고 돈벌이가 되지 않아도 괜찮다.

길버트의 정의는 소명을 "자아 너머에서 기원한 것으로 경험되는 초월적 소환"으로 보는 더 학문적인 정의와도 잘 맞아든다.[3]

그렇다, "신성한 초대"다.

5. 소명

소명을 발견하는 여정

열여덟 살 때 나는 내 삶이 스물여덟 살 때 어떻게 돼 있을지를 머릿속에 생생히 그려 놓았다. 대학 첫 학기 때 생겨난 이미지였다. 영문학 교수가 내 준 작문 숙제가 10년 후의 우리 삶을 상상해서 쓰는 것이었다. 그 글 속의 나는 미래의 남편과 함께 말을 타고 저녁노을을 향해 나아가고 있다. (정말이다. 석양을 향해 있느라 남편의 얼굴을 보지 못해 그가 누구인지는 모른다.) 우리 곁에는 래브라도 리트리버 두 마리가 느릿느릿 따라오고 있다. 상상 속의 우리 부부는 결혼한 지 5년이 되었고, 나는 입학 때의 전공을 살려 사회복지사로 커리어를 쌓았다. 말을 타던 그날 우리는 아이를 낳는 것에 대해 의논했다.

자세한 것 하나까지도 아주 또렷했다.

내 삶이 얼마나 그 글대로 풀렸고 얼마나 그렇지 않은지를 보면 흥미롭다.

내가 지금의 남편을 만난 것은 그 글을 쓴 지 불과 몇 주 만이었다. 이듬해에 결혼했으니 내 나이는 스물셋이 아니라 열아홉이었다. 세 학기 만에 사회복지학에서 영문학으로 전공을 바꾼 나는 그 분야로 쭉 박사 학위까지 받았다. (사회복지사가 되었다면 형편없었을 것이다.) 우리는 끝내 아이를 낳을 수 없었다. 결혼 생활 수십 년째 말과 개는 많이 있었지만 래브라도 리트리버는 한 마리도 없었다. 왜 내가 그 견종을 좋아할 거라고 생각했는지 통 모르겠다! (래브라도 리트버리를 사랑하는 이들에게 결례를 범할 마음은 없지만 그 견종은 몸놀림이 볼품없고 약간 별쭝맞다.)

사회복지학과로 대학에 들어간 나는 영어를 필수 과목으로만 수강했다. (물론 초등학교 때부터 고등학교 때까지 늘 영어를 좋아했던 터라 영어 수업을 고대하기는 했다.) 1학년 2학기 때 미국문학 교수가 내게 전공을 영문학으로 바꿀 것을 권했다. 나는 "아니요, 저는 영문학을 즐길 뿐이지 진지하게 생각하지는 않아요"라고 말했다. 웬걸, 불과 한 학기 만에 나는 다시 그 교수의 사무실에 가 있었다. 영문학과로 전과하려면 신청서에 학과장인 그의 서명을 받아야 했다. 그는 이전에 나와 나눈 대화를 잊지 않고 있었고 그 사실을 내게 알리며 재미있어 했다. 그때는 몰랐지만 나는 소명을 발견하는 길에 들어서 있었다. 다만 그 뒤로도 한참 더 시간이 걸렸다.

부름받는다는 말의 의미

내 친구 크리스 데이비스는 목사다. 내가 아는 가장 목사다운 목사 중 하나인 그는 고등학교 때부터 고향 교회 사람들로부터 "너는 사역으로 부름받았다"는 말을 들었다. 대학에 와서도 그는 시간이 날 때마다 후배들을 지도하고 성경 공부를 인도하고 교회에서 설교하는 등 사역에 힘썼다. 그런데 자신이 사역으로 부름받았다는 생각은 없었다. 소명을 받는 방식에 대한 고정 관념 때문이었다. 그 관념대로라면 하나님의 음성을 직접 듣고 거기에 내면의 감정이 수반돼서 결국 강대상 앞에 나아가 헌신해야 하는데, 그런 일은 없었다. 그래서 그는 졸업 후 수학을 더 공부해서 교수가 될 계획이었고, 교회 활동은 늘 하던 대로 평신도로서 이어 가려 했다. 그런데 어떤 사람이 그가 시간을 보내는 방식을 보고 그에게 물었다. 보아하니 이미 목사의 일을 하고 있는데, 혹시 자신이 목사로 부름받았다고 생각해 본 적은 없느냐는 것이었다. 크리스는 처음에는 당황했으나 결국 이것이 자신의 소명임을 깨달았다. 부름은 하나님께로부터 오긴 했으나 주변의 한 지혜로운 사람을 통해서 왔다. 그리고 크리스는 그 부름에 응답했다.

시나리오 작가이자 영화감독이며 〈브레이브 하트〉의 각

본을 써서 가장 유명해진 랜들 월리스도 비슷한 경험을 했는데, 방향이 반대다. 랜들은 우리 부부가 나중에 다닌 버지니아주 중부의 침례교회에서 자랐다. 어려서부터 신앙심이 깊었고 교회를 섬기고 싶었으므로 왠지 목사가 되어야 할 것 같았다. 그래서 대학에서 종교학을 전공한 뒤 신학교에 갔다. 신학대학원 재학 중에 있었던 일을 그는 이렇게 회고했다. "마주앉은 우리 교회 목사가 내게 '자네는 목사가 돼야겠다는 소명감이 있는가?'라고 묻기에 '솔직히 없습니다. 하지만 목회는 인간이 받을 수 있는 가장 위대한 소명이잖아요'라고 답했다. 그러자 그는 '틀렸네. 가장 위대한 소명은 하나님이 자네에게 주시는 소명이야'라고 말했다. 내 평생 들어 본 최고의 명언 중 하나였다."[1] 공부한 지 1년 만에 신학교를 그만둔 랜들은 자신의 소명을 따라 탁월한 이야기를 거듭 써냈고, 그 뒷일은 이미 알려진 대로다.

앞서 소개한 밀레니얼 세대 기업가 케이트 케네디는 하나님이 사람을 특정한 일로 부르신다는 말을 복음주의 교회 생활에 심취하던 젊은 시절에 처음 들었다. "그분이 우리에게 전화하신다고?" 그런 의문이 들었다. 그녀는 그 말이 그런 뜻인 줄 알고('부른다'는 동사에 '전화한다'는 뜻도 있다―옮긴이) 하나님이 자신에게도 전화해 주시기를 원했으나 그런 일은 없었다.[2] 하나님이 그냥 우리에게 전화해서 언제 어디로 가야 할지를 알려 주시면 일이 한결 쉬워지겠지만, 그분은 그러지 않으신다.

그렇다면 부름받는다는 말은 무슨 뜻일까?

열정은 안에서, 소명은 바깥에서

나는 언어로 일하는 사람이니 정의부터 내리고 싶다.

단어 "부르다"(call)와 "천직"(vocation)은 라틴어 어근이 같다. "목소리"(vocal)와 "발성"(vocalization)도 마찬가지다. 본래 부름이란 귀에 들리는 소리나 외침이나 소환이다. 말 그대로 하나가 다른 누구를 부른다는 뜻이다. 부름이 이루어지려면 부르는 이도 있고 부름받는 이도 있어야 한다.

하나님의 부름은 군 지휘관이나 법정의 판사가 내리는 명령처럼 귀에 들리는 육성이 아니다. 그분은 사람, 환경, 재능, 열정 등 자신이 지으신 것들을 통해 우리를 부르신다. 우리가 할 일은 **부름받는** 게 아니라 그분의 부름에 **응답하는** 것이다. 성경에 부름받은 사람들의 이야기가 즐비하다. 사실 성경의 정황에서도 우리의 삶에서도 소명이란 "믿음의 삶 자체를 가리키는 은유"다.[3] 다만 이 부름을 듣고 분별해서 거기에 응답하는 것이 늘 쉽지만은 않다. 열정은 우리 안에서 타오르지만 **소명**은 바깥에서 온다.

고전 호러 영화 〈낯선 사람에게서 전화가 올 때〉의 유명한 대사가 기억나는가? "집 안에서부터 전화가 걸려 오고 있어." 내가 나한테 전화를 걸어야 한다면 호러 영화의 상황과 비슷할 것이다. 그러나 소명이 바깥에서 온다는 것을 알면, 내 쪽에서 부름받으려 애쓸 필요가 없으므로 안심할 수 있다.

열정은 내면에 있지만 소명은 외부에서 온다.

둘이 늘 완전히 겹치는 건 아니지만 가끔 겹칠 때도 있다.

샬럿 브론테의 『제인 에어』에 이 구분이 놀랍게 묘사되어 있다. 어려서부터 제인의 성격은 정의감이 강하고 신앙심이 진실한 데다 사랑하고 사랑받으려는 갈망이 간절했다. 그런데 이런 치열한 열정은 제인이 외롭고 적대적인 세상에서 자신의 길과 제자리를 찾으려는 동안 번번이 장벽에 부딪친다. 제자리가 아닌 역할을 수락하고픈 유혹도 자주 들지만, 결국 제인에게 그녀를 부르는 소리가 들려온다. 그녀가 사랑하는 남자가 아주 멀리서 외친다. 이제 둘이 함께할 만한 형편이 허락되었으니 자신에게 돌아오라고 그녀를 부른다. 작중 세계에서 그런 부름이 그토록 멀리까지 전달되어 제인의 귀에 닿기란 불가능하다. 그러니 초자연적 부름으로 볼 수밖에 없다. 하지만 그건 별로 중요하지 않다. 번번이 시작부터 꼬이던 외롭고 고달픈 그녀의 인생길에서 마침내 내면의 열정과 외부의 부름이 하나로 수렴된다. 흔히 『제인 에어』는 일종의 현대의 우화로, 우리 시대의 『천로역정』으로 읽힌다. 특히 열정과 소명의 중요성을 묘사하면서 양쪽을 구분한다는 점은 소명을 찾아내 실현하려는 현대인에게 인상적 은유로 다가온다.

열정과 소명이 완전히 겹치는 예를 내 어머니의 삶에서도 보았다. 내 부모님은 평생 이사를 자주 다녔고 그때마다 교회에 적을 두었다. 어느 교회에 가든 어머니는 주일학교나 여름성경학교나 어린이 성가대에서 교사로 섬겼다. 그전에 메인주에서 교실이 한 칸뿐인 학교에 다닐 때도 교사는 당시 소녀이던 내 어머니에게 하급생들을 가르치는 일을 맡겼다. 어머니는 대학을 나오지 않았으니 정식 교사가 되지 못했고 교직으로 돈을 벌거나 커리어를 쌓은 적도 없다. 그런데 평생 가르쳤다.

흥미롭게도 어머니는 자신이 교사라는 것, 평생 교사였다는 것, 그게 자신의 천직이라는 것을 불과 몇 년 전에야 깨달았다. 그런 의식조차 없이 그냥 가르쳤던 것이다. 아흔이 다 되어 기력이 달려서 교회에 나갈 수 없던 때에도 어머니는 집에 앉아 공부 교재와 공작 프로젝트를 만들어 집안의 아이들과 지구 반대편에 있는 사역 기관의 아이들에게 우편으로 보내곤 했다. 아이들에게 성경을 가르치지 않으려야 않을 수 없었던 것이다. 그게 어머니의 소명이었다.

당신도 훗날 또는 지금이라도 인생을 돌아보면, 여태 하던 일이 곧 자신의 소명이었음을 알게 될지도 모른다. 소명인 줄 알아차리기 전부터도 말이다.

부름은 사람들에게서 온다

앞서 말했듯이 좋아하는 일을 유급으로 하는 것은 유구한 인류사에서 규범이 아니라 예외였다. 감사하게도 나는 일하며 살아온 대부분의 기간에 그 예외에 드는 복을 누렸다. 정말 감사하다. 책에 코를 박고 살던 성장기 내내 상상도 못 했건만, 결국 나는 책을 읽는 직종으로 부름받았다. 그래서 부름받은 대로 사람들에게 문학을 읽도록 가르치고, 부름받은 대로 문학에 대해 글을 쓰고 강연한다.

이것도 앞서 언급했는데, 사람들은 내게 어떻게 지금의 자리까지 왔고 어떻게 작가가 되었는지 자주 묻는다. 답은 내게 전화(부름)가 왔다는 것이다. (엄밀히 말하자면 대개 이메일을 받았다.) 정식 작가의 커리어에 처음 들어설 때 나는 우선 작은 출판사들에서 책을 펴내 이력을 쌓았고, 더 중요하게는 필력을 연마했다. 결국 중앙의 한 기독교 출판사 편집자에게서 내 원고를 더 보고 싶다는 연락이 왔고, 그것이 출간으로 이어졌다. 그렇게 더 널리 알려진 결과로 더 크고 유명한 일반 출판사들에서도 에세이를 보내 달라는 청탁이 들어왔고, 역시 결국 책으로 나왔다. 큰 출간 기회일수록 거의 매번 누군가 나를 전화로 부른 결과였다. 그렇다고 내 쪽에서 노력하지 않은 것은 아니다. 나는 탁월한 원고를 선보이려 애썼고, 눈에 띌 만한 지면에 글을 발표하곤 했다. 하지만 글을 쓰는 일이 내 소명임을 안 것은 전화(부름)를 받았기 때문이다.

소명감은 내면으로 느끼지만 실제 부름은 사람들에게서 온다. 신자인 우리는 그것이 결국 하나님에게서 오는 것임을 믿는다. 하나님은 외부의 객관적 근원이고 타자이시다. 우리는 하나님이 아니다.

그래서 나는 자신이 뭔가를 하도록 부름받은 것 같다는 사람들에게 묻고 싶다. **당신은 누구의 부름을 받고 있는가?**

일과 상황은 바뀌어도 소명과 천직은 계속된다

전통적으로 전체 교회사의 맥락에서 "소명"이나 "천직"은 수녀, 수사, 신부, 목사 등 교회 사역의 풀타임 직분을 가리켰다. 지금도 그런 뜻으로 쓰일 때가 있다. 예컨대 교회의 풀타임 직분을 ("평신도 사역"과 대비해서) "전임 사역"으로 지칭할 때나 교회 바깥에 다른 직업이 있는 사역자를 "이중직 목사"라 부를 때가 그렇다.

그러나 개신교 종교개혁은 직업의 성과 속을 구분하는 전통을 뒤집었다. 개혁가들은 하나님이 풀타임 사역자만 부르시는 게 아니라 모든 사람을 모든 일로 부르신다고 보았다. 성직이 아닌 일도 천직일 수 있다는 것이다.

특히 마르틴 루터의 천직 개념은 지대한 영향을 끼쳤다. 그 개념은 오직 믿음으로만 구원받는다는 그의 인식과 직결되며, "하나님께는 당신의 선행이 필요 없고 당신의 이웃에게는 필요하다"는 말로 요약되었다.[4] 루터는 하나님께 부름받아 하는 일이면 무엇이든 천직이라 보았다. 그런 일은 평일 9시부터 5시까지 일하는 직업으로 국한되지 않는다. 어머니, 아버지, 딸, 아들, 시민, 교인의 소명도 소명이다. 트럭 운전사, 농부, 교사, 점주의 경우도 마찬가지다.

그런데 "풀타임" 사역의 지위를 떠받드는 현상은 일부 명백한 개신교 정황에도 여전히 잔재한다. (특히 내가 속해 있는 복음주의 세계를 염두에 두고 하는 말이다.) 2024년 남침례교단 목회자 컨퍼런스에서 한 강사는 목사 직분이 "지상에서 가장 고상한 소명"이라고 단언했다.[5] 교회 일이 "세상" 일보다 고상하거나 숭고하다는 집요한 단정은 일종의 신(新)수도원주의로서[6] 일만 악의 뿌리다. 물론 나는 수도사인 내 친구들을 십분 존중한다. 하지만 "영적인" 일을 다른 일보다 더 높은 소명으로 본다면, 일 전반은 물론이고 사역에 대해서도 우리의 인식이 왜곡된다.

데이비드 로우가 제대로 보았다. 교목인 그에게 한 학생이 학교 졸업식에서 말하기를, 하나님이 자신을 회계사가 되도록 부르시는 것 같다고 했다. 나중에 로우는 SNS에 이런 글을 올렸다. "정말 반가웠다. 내 평생 누구에게서도 그런 말을 들어 보지 못했다."

그 학생 같은 사람이 더 많아져야 한다!

예컨대 교회가 직장이던 내 친구는 교회 내의 학대 사건에 대한 교회 측의 엉터리 대처를 보고 퇴사했다. 그 뒤로 그녀는 자신의 천직이 나아갈 새로운 방향을 모색해야 했다. 평생 교회를 위해 교회에서 일하려고 준비했고 신학교까지 다녔지만, 그 일로 환멸을 겪고 나니 교회 밖의 직장에 다니고 싶었다. 다만 자신의 소명을 포기하거나 심지어 신학교에서 힘들여 취득한 학위를 무용지물로 만들고 싶지는 않았기에 그 부분에서 고심했다. 다행히 재능을 교회 밖에서 펼친다 해서 꼭 천직이 바뀌거나 신학 교육이 무용지물이 되는 것은 아니었다. 모든 그리스도인은 "풀타임 사역"으로 부름받았다. 보수를 어디서 받든 상관없고 아예 무급이라도 마찬가지다. 결국 그녀는 학교 교사가 되었다. 가르치는 일이야말로 그녀가 교회에서 늘 하던 일이다. 일터는 바뀌었지만 그녀의 천직은 바뀌지 않았다. 천직이 그대로여도 상황과 직업은 달라질 수 있다.

천직은 역할과 같다. 삶과 일의 상황은 다양해도 우리가 수행하는 역할은 동일할 수 있다. 물론 역할이 바뀔 때도 있다. 수십 년간 영문학 교수로 일하다가 그 커리어를 떠나기로 했을 때, 나는 이로써 내 천직이 끝난 것인가 하는 문제로 씨름해야 했다. 어떤 의미에서는 끝났다. 하지만 방식만 달라졌을 뿐 나는 지금도 가르치고 있다.

소명은 형태가 달라지기도 하지만 실제로 끝날 때도 있다. 그러면서 새로운 소명이 출현한다.

예컨대 배우자가 사망하면 남편이나 아내라는 천직은

끝날 수 있다. 돌이킬 수 없는 부상을 입으면 뛰어난 운동선수의 소명도 끝날 수 있다. 45년 동안 사람들의 재정 관리를 돕다가 은퇴한 재무 설계사는 스프레드시트라면 다시 쳐다보기도 싫어 작가로 전향할지도 모른다. 처참한 사고로 사지가 마비된 내 친구는 입에 붓을 물고 그림을 그리는 놀라운 재능을 계발했다. 화가라는 새로운 소명을 얻은 것이다. 부상을 입어 삶이 달라지기 전에는 없었던 소명이다.

소명은 나를 넘어 타인까지 이롭게 한다

소명은 본인만의 문제가 아니다.

하나님의 뜻은 인간이 서로의 일을 통해 서로를 채워 주는 것이다. 그것이 천직의 교리에 담긴 불변의 진리다. 하늘에서 만나를 내려 주신 한때를 제외하고는 하나님은 농부와 제빵사와 트럭 운전사와 상인을 통해 우리를 먹이신다. 또 사람을 새로 창조하실 때도 일일이 흙으로 빚으시는 게 아니라 일부러 남편과 아내, 아버지와 어머니라는 천직을 통해서 하신다. 그래서 진 에드워드 비스가 『일과 소명』에서 설명했듯이, 천직의 교리는 "평범한 삶의 신학"이자 "믿음과 성화(聖化)와 은혜와 선행을 두루 아우르는 그리스도인 삶의 종합 교리"이다. 비스에 따르면 자신이 특정한 일로 부름받았는지를 알아보는 궁극의 시험은 이 물음이다. "내 소명은 어떻게 이웃을 이롭게 하는가?"[7]

누군가 당신을 부른다는 것은 자신에게 필요한 것을 당신이 채워 줄 수 있다고 믿기 때문이다. 이것이 천직의 핵심이다. 천직의 관건은 내 갈망을 실현하거나 내 열정을 추구하거나 내 행복을 좇는 게 아니라 나를 부르는 이들을 섬기는 것이다. 천직을 이렇게 이해하면 관점이 한낱 자아실현보다 훨씬 넓어진다. 실제로 오스 기니스는 우리가 "소명의 광범위한 의미를 오직 개인의 삶으로만 확 좁힘으로써" 소명 자체는 물론이고 하나님께 부름받는다는 의미까지도 편협하게 본다고 역설했다.[8]

그런 면에서 자아실현은 행복과 같다. 네 곳의 나치 수용소에 수감되었다가 기적처럼 살아남은 빅터 프랭클은 훗날 이렇게 썼다. "행복은 목표일 수 없고 결과여야 한다. 행복은 자신보다 큰 대의에 헌신하거나 남을 섬길 때 뜻밖의 부산물로서만 찾아온다. 그래야만 행복이다."[9]

앤드루 피터슨이 『어둠을 장식하다』에서 예술에 대해 한 말은 그대로 모든 소명에 적용될 수 있다. "예술에서 중요한 것은 자기표현이나 방종이 아니다. 예술의 관건이 자아여서는 안 된다.…… 예술의 목표는 결국 자아 이외의 다른 무엇에 주목을 끄는 데 있다."[10] 우리 그리스도인은 그 궁극의 다른 것이 무엇이어야 하는지를 안다. 피터슨이 지적했듯이 역설적으로 "우리는 자신에 대한 생각이 가장 적을 때 가장 자기다워진다."[11]

『나의 일을 의미 있게 만드는 방법』이라는 책에 이 관점이 정확히 예시되어 있다. 일화 속의 운전자는 길게 뻗은 2차선 산간 도로의 공사 구간에서 교통 체증에 갇혔다. 한쪽 차선이 폐쇄된 탓에 늦은 오후의 도로에 차량이 잔뜩 밀렸다. 마침 이 운전자가 지나가려던 찰나에 신호수가 표지판을 "서행"에서 "정지" 쪽으로 돌리는 바람에 그의 차를 선두로 다시 줄이 늘어섰다. 대기 시간이 길어지자 운전자는 바로 옆의 신호수에게 말을 걸었다. 궂은 날씨에도 날마다 온종일 서 있어야 하는 따분한 일을 어떻게 견디느냐고 물었다. 다음과 같은 신호수의 대답을 듣고 운전자가 얼마나 놀랐을까? "나는 이 일이 좋습니다! 즐거워요. 왠지 아세요? 사람들의 안전을 지키는 중요한 일이니까요. 내가 잘 살피면 내 뒤의 사람들도 안전하고, 당신과 당신 뒤의 모든 차에 탄 사람들도 안전합니다. 내가 하는 일이 정말 날마다 확실한 결과를 낳거든요."[12]

당신이 창조된 본연의 목적

이상하게 이 시대의 우리는 천직의 개념을 축소할 뿐 아니라 자신마저 일로 규정하곤 한다. 처음 만난 사람에게 제일 먼저 하는 질문 중 하나가 "무슨 일을 하시나요?"이다. (이런 습성은 유독 미국인에게 심하다.[13]) 천직 의식은 없으면서도 우리 문화는 일을 중심으로 돌아간다. 천직 의식이 없어서 더 그런지도 모른다.

천직은 일을 포함하긴 하지만 커리어나 직업이나 수입원 이상이다.

제니퍼 와이즈먼은 별의 지속적 생성을 연구하는 천문학자다. 나는 그녀를 어느 컨퍼런스에서 만났는데, 우리의 화제는 서로의 동물 애호로 이어졌다. 그녀는 가축과 야생 동물이 있는 농장에서 자라면서 나처럼 평생 다양한 반려동물과 함께 살았다. 현재 허블 우주망원경 감독 팀에서 일하는 그녀는 동물을 행복하게 해 주는 것도 자신의 소명이라는 말로 나를 놀라게 했다. 동물과 관계된 직업에 종사한 적도 없고 지금은 애완동물도 없지만, 그래도 제니퍼는 이렇게 말한다. "아스팔트의 벌레를 자연의 흙으로 돌아가게 해 주기도 하고, 야생 동물이든 농장과 실험실의 동물이든 동물이 온전히 자비롭게 존중받을 수 있도록 힘을 보태기도 합니다. 아마 이것이 내 영혼 깊은 곳의 가장 간절한 동경일 겁니다." 그녀에게 이것은 소명이다. 수입원은 아니지만 그 훨씬 이상이다. 꾸준히 하는 일 정도가 아니라 제니퍼라는 인간의 일부다.

천직은 당신이 본연의 목적을 실현하는 한 방편이다. 당신은 그 역할(들)을 수행하도록 창조되었다.

직업이나 커리어는 당신이 삶의 더 큰 소명을 실현하는 데 도움이 될 수도 있다. 우리가 하거나 하지 않기로 선택하는 모든 일이 다 우리의 참된 소명에 들어맞는 것은 아니라는 뜻이다.

나는 학문의 삶으로 부름받았다. 그것만은 분명하다. 어렸을 때부터 25년간의 교수직을 마칠 때까지 학교에 있는 게 마냥 좋았고, 학생으로든 교수로든 활짝 피어났다. 더 중요하게는 거기서 내가 사람들을 잘 섬겼다고 믿는다. 그러나 대다수 학생처럼 나도 학창 시절에 식당 종업원, 말 농장 일꾼, 가정교사 등 다양한 직업을 거쳤지만 그중 어느 것도 내 **소명**은 아니었다. 그것은 그 시기에 내 소명을 추구하던 수단이었다.

현재의 역할을 소명으로 오해할 때

또 하나 주목할 점은 내가 소명을 실현하기 위해 거쳐 온 그 직업들이 누군가에게는 소명일 수 있다는 것이다. 예컨대 나를 고용한 말 농장의 사육사와 소유주와 조련사가 생각난다. 그들은 동물을 돌보는 일에 삶을 바쳤고 그 소명을 통해 내게 아주 많은 것을 가르쳐 주었다. 요식업에 삶을 바친 식당 주인과 요리사도 떠오른다. 나는 지나가는 대학생 웨이트리스였을 뿐이지만 그들 중 일부는 그 일로 부름받았다.

수행할 만한 역할이지만 반드시 소명은 아닌 것을 쭉 생각해 보면 도움이 된다. 예수님은 소명이 있었지만, 그 부름에 따르는 일환으로 목수로 일하셨다. 바울도 소명이 있었지만, 생계와 사역의 비용을 대고자 천막 만드는 일을 했다. 하지만 목공과 천막 제조가 일차적 '소명'인 사람들도 있다. 어떤 일이든 한 사람에게는 소명인데 다른 사람에게는 그냥 직업일 수 있다. 양쪽의 차이는 일 자체에 있지 않다. 차이는 당신이 누구이며 하나님이 당신을 어떤 사람이 되도록 부르셨는가에 있다. 임시직이지만 소명에 도움이 되는 일도 있고, 우리가 현재의 역할을 소명으로 착각할 때도 있다. 후자는 더 까다로운 딜레마지만 그래도 꼭 생각해 볼 문제다.

잘하고 싶긴 한데 정작 맡은 역할에 너무 부적임자라서 꼭 억지로 연기하는 것처럼 보이는 이들이 있다. 우리도 다 그런 사람을 알고 있다. 이것은 가벼운 문제가 아니다. 하나님께 부름받지 않았거나 소질을 타고나지 않은 사람이 그렇게 일하다가 사람들에게 피해를 입힐 수 있기 때문이다. 교사와 목사의 직분이 제일 먼저 떠오른다. 더 주관적일 수밖에 없는 창의적 직종의 경우, 노래하거나 연극하거나 공연하거나 글을 써 달라는 전화(부름)를 받고자 노심초사하는 이들을 누구나 본 적이 있다. 전화가 오지 않을 때는 여러 가지 원인이 있을 수 있다. 해당 재능을 요하는 시장의 수요가 너무 작을 수도 있고, 특정한 형태의 예술에 적합한 청중을 아직 만나지 못했을 수도 있고, 본인의 재능이 부족할 수도 있다. 마지막 경우가 가장 알아차리기 힘들다. 자청해서 남에게 재능이 부족하다고 말해 줄 사람은 여간해서 없기 때문이다. 본인이 나서서 자신이 하는 일에 대해 솔직한 피드백을 구하고 받아야 한다. 그리하여 실력을 더 키우든지, 아니면 이것이 자신의 소명이 아님을 깨달아야 한다. 어렸을 때 나는 몇 년이나 피아노 레슨을 받고 나서야 내가 피아노를 잘 못 친다는 사실을 깨닫고 그만두었다. 정말 형편없었다! 하지만 레슨비를 받던 교사들은 물론이고 아무도 내게 말해 주지 않아 나 스스로 알아내야 했다. 아무리 부름받고 싶어도 그냥 자신이 부름받지 않은 일도 있는 법이다.

그런가 하면 현재의 역할을 그만두고 떠나면서 하나님이 자신을 다른 데로 "부르셨다"고 말하는 이들이 있다. 때로 나는 그들이 그냥 이렇게 말했으면 좋겠다. "나 이번에 새로운 일을 해 보기로 했어." 확실히 그 경우일 때가 적지 않기 때문이다.

정말로 전화가 집 안에서부터 걸려 올 때가 있다. 하지만 그것을 분간하기가 쉽지 않고, 그렇다고 말하기는 더 어렵다.

멀고도 다채로운 인생길에서 우리는 많은 것을 하고 다양한 직무와 역할을 맡는다. 그 모든 요소가 태피스트리처럼 하나로 직조되어 거기서 우리의 참된 소명이 드러나겠지만, 그것은 나중에 돌아볼 때 또는 위기나 전환점을 맞이할 때에야 비로소 우리 눈에 보일는지도 모른다.

열정을 소명으로 착각할 때

자신이 잘하지도 못하고 소명과 직결되지도 않는 일을 그냥 즐기는 것도 좋다. (앞서 말했듯이 나는 달리기를 좋아하지만 달리는 속도가 아주 느리니 당연히 잘하지는 못한다.) 하지만 앞서 보았듯이 열정이나 자신이 즐기는 일을 소명으로 착각하면 문제가 복잡해진다.

시트콤 〈오피스〉의 한 일화에 소명과 열정과 취미가 실감나게 구분되어 있다. (물론 〈오피스〉의 중심 개념은 던더 미플린 제지회사에 근무하는 모든 사람이 전혀 열정을 추구하는 게 아닌데도 용케 거기서 만족과 목적을 얻는다는 것이다.) 이 일화의 핵심 장면은 짐과 약혼하고 미술 학교에 들어간 팸이 짐의 형들과 짜고 짐을 골탕 먹이려는 부분이다. 팸은 약혼반지를 잃어버린 척하려 하지만, 짐의 형들은 오히려 짐 앞에서 팸을 골탕 먹이기로 작전을 바꾼다. 그래서 미술 쪽으로 커리어를 쌓으려는 팸을 두고 "팸은 취미를 직업으로 삼고 있다"며 놀린다.[14] 〈오피스〉의 통상적 전개처럼 그 과정도 온통 어색하고 고통이 따른다. 놀리는 과정에서 팸의 불안한 내면이 드러나는 것이다. 하지만 시리즈를 관통하는 전체 줄거리를 보면 팸이 예술가가 되고 싶어 한다는 게 살짝 엿보인다. 다만 그만한 의욕과 재능이 부족할 뿐이다. 팸은 예술가로 부름받지 않았다. 미술은 그녀의 취미로 남는다. 팸의 진정한 소명과 기쁨은 사랑하는 사람들과 함께 오피스에서 일하면서 결국 짐과 함께 가정을 이루는 데 있다. 한 인간이 일의 현실, 자신의 한계, 가장 중요하게는 자신이 정말 사랑하고 즐거워하는 것 등을 알아 나가는 과정이 그 속에 아름답고도 명쾌하게 그려져 있다.

열정과 소명의 중요한 구분을 알면 두 범주 자체는 물론이고 둘의 관계도 더 명확해질 수 있다. 혹시 아는가? 인내하면 보상이 따를 수도 있다. 전화를 거는 쪽과 받는 쪽, 즉 부르는 이와 부름받는 이가 제때에 제대로 연결되려면 와신상담의 시간이나 계획(그래서 일부 부모와 코치는 어떻게든 자녀와 선수를 여러 스카우트 담당자의 눈에 띄게 하려 한다)이 필요할 때가 있다.

앞서 소개한 사라가 기억나는가? 알고 보니 그녀는 재능이 뛰어난 작가이며, 정말로 책도 출간했다.[15] 나 같은 이들에게서 힘찬 격려의 말을 듣지 못했음에도 말이다. 사라는 여러 장애물을 극복한 자신의 인내와 끈기를 돌아보고 반추하면서 내게 이렇게 말했다.

내 작품을 아는 작가들로부터 다른 메시지를 받은 게…… 도움이 됐습니다. 그들은 내가 '이미' 좋은 작가라면서 인내해야 한다고 말해 주었지요. 하지만 작가님의 말을 받은 것도 도움이 되었다고 봅니다. 내 소명이 누구에게나 확실히 드러나지는 않으리라는 것과…… 누구도 내 소명을 무화할 수 없다는 것을 동시에 일깨워 주었으니까요. 소명의 주인은 나였던 겁니다.[16]

소명에 저항할 때

한편 자신이 뭔가로 부름받았는데도 그 소명에 열정이 없거나 심지어 저항하는 이들도 있다.

부름받고도 전혀 행복하지 않은 사람의 예로 내가 가장 좋아하는 것 중 하나는 조지 허버트의 다른 시 「칼라」에 나온다. 쭉 읽다 보면 차차 드러나듯이, 시의 화자는 목에 흰색 칼라를 두른 성직자다. 처음에는 그가 누구에게 말하는지 분명하지 않지만, 알고 보면 그의 말은 하나님께 화난 상태에서 쏟아 내는 긴 독백이다. 시작부터 그는 탁자를 내리치며 "더는 못해!"라고 말한다. 다 그만두고 어딘가로 떠나겠다는 것이다.

나는 탁자를 쾅 치며 외쳤다. "더는 못해,
　떠날 거야!
왜 내가 늘 탄식하며 애태워야 하지?
말도 삶도 내 자유인데, 길처럼 자유롭고
바람처럼 거침없고 곳간처럼 널찍한데.
　그래도 이 옷을 못 벗을까 봐?
내가 거둔 것이 가시뿐이란 말인가,
피만 흘리게 하고, 잃어버린
알찬 열매는 되돌려 주지 않는?
　분명히 포도주가 있었는데

내 탄식에 다 말랐고, 옥수수도 있었는데
　내 눈물에 다 잠겼구나.
　　한 해를 나만 날린 건가?
　　　장식할 월계수도 없고
꽃도 없고 화사한 화환도 없나? 다 망한 건가?
　다 낭비였나?
그럴 수야 없지, 열매가 있거든.
　네 손으로 따면 돼.
탄식에 날린 모든 세월을 되찾아
갑절로 낙을 누려야지. 옳고 그름 따위는
따지지 마. 네 감옥일랑 잊어버려,
　네 좁은 생각으로 만들어 낸
썩은 동아줄도. 너는 그게
너를 힘껏 끌어 줄 튼튼한 밧줄,
　만고의 법칙인 양 했지만,
사실은 알고도 그랬던 거야.
　가자! 이제라도 정신 차려야지.
　떠날 거야.
죽음을 겁내지 말고 걱정도 붙들어 둬.
　자신의 욕구를
　채워 주지 않는 사람은
　고생해도 싼 거야.”

그렇게 열변을 토하며 말마다
　더 노발대발할 적에
부르는 소리 있어 '아이야!' 하니
　나도 답하기를 '내 주여' 하였다.[17]

　화자는 노동의 열매가 없어 좌절하며 실망했고, 자신의 수고와 절망을 하나님이 보지 않으시는 것 같아 그분께 분노했고, 일과 사역이 실패로 돌아가 불안하고 화났다. 그래서 격노와 항변의 말을 속사포처럼 퍼붓는다. 하나님 들으시라고 한 그 말이 멎은 것은 그분에게서 딱 한 단어가 들려왔을 때다. "아이야." 이에 부름받은 이도 부르신 이에게 "내 주여"로 화답한다. 시 제목(Collar)과 부르신 이(Caller) 사이의 언어유희에 주목하라.
　참된 소명을 얼마나 잘 보여 주는 그림인가. 오스왈드 챔버스도 허버트의 시와 비슷하게 하나님의 부름은 "내 본성을 따라가지 않는다"고 말했다. 하나님의 본성은 우리의 제한된 본성을 넘어선다.

　하나님의 부름을 말할 때 우리는 가장 중요한 요소를 망각하기 일쑤다. 바로 부르시는 그분의 본성이다. 바다와 산과 거대한 빙벽이 우리를 부르지만 그런 부름을 듣는 사람은 소수에 불과하다. 부름에는 부르는 주체의 본성이 표현되는 만큼, 부름을 알아들으려면 우리 안에도 동일한 본성이 있어야만 한다. 하나님의 부름을 통해 표현되는 것은 우리의 본성이 아니라 그분의 본성이다.

챔버스의 표현으로 "하나님의 음성과 우리가 하나로 꿰어지면" 각자의 독특하고 특수한 개성과 환경이 두루 한데 엮인다. 덕분에 우리는 그 부름을 들을 수 있다. 그가 설명했듯이 "하나님의 부름을 구성하는 여러 실 가닥은 사람마다 다르게 섭리되어 있어 본인 외에는 아무도 그것을 알아듣지 못한다." 허버트의 시에 담겨 있는 대로, 실제로 챔버스는 "하나님의 인도로 그분의 부름이 잘 들리는 구역에 들어서면 누구나 속속들이 달라질 수밖에 없다"고 말했다.[18]

소명을 알아내기 원한다면

조지 허버트야 17세기에 케임브리지에서 공부한 성직자니까 소명감이 그토록 명쾌할 수 있었다 하자. 하지만 수많은 선택지를 내놓는 정신없는 현대 세계의 평범한 우리는 이 모든 소음 속에서 어떻게 소명을 들어야 할까? (여담이지만 허버트도 곧장 궁극의 소명에 이른 것은 아니다. 그는 초반에 국회에서 일하다가 30대가 되어서야 성직에 들어섰다. 지금 허버트는 주로 시인으로 기억되지만, 그의 시는 대부분 그가 죽은 후에 간행되었다.)

『미들마치』는 소명을 아주 흥미롭게 다룬 소설인데, 거기에 등장하는 도로시아 브룩은 "자신에게 잘 안 보일 뿐이지 사람들 속에 천직이 정말 숨어 있을 수 있잖아요"라고 말한다. 그녀의 말은 소명을 알아내려면 "서로에게 끝까지 인내해야 해요"라고 이어진다.[19] 나는 거기에 자신에게도 인내해야 한다고 덧붙이고 싶다.

사람들을 통해 전달되는 소명

우리를 부르시는 하나님은 삶의 소명을 사람들을 통해 전달하실 때가 많다. 이 사실을 인식하면 두 가지 중요한 통찰이 따라온다.

첫째로, 소명을 알아내려면 지혜로운 주변 사람들의 말도 들어야 한다. 그들은 우리를 알기에 우리 스스로는 잘 보지 못하는 우리 안의 자질과 재능과 잠재력을 볼 수 있다. 재능은 소명을 알아내고 실현하는 데 큰 역할을 한다. 타고난 재능과 연마한 재능 양쪽 모두가 그렇다. 그리스도인들 사이에 "하나님은 준비된 사람을 부르시는 게 아니라 부르신 사람을 준비시키신다"라는 진부한 말이 있다. 물론 하나님은 친히 부르시는 이들을 준비시켜 주신다. 출애굽기 31장에 보면 브살렐과 오홀리압은 그분이 갖추어 주신 장인의 손재주로 성막을 설계하고 짓고 꾸민다. 그러나 당신이 일에 덜 유능할수록 하나님께 더 영광이 돌아간다는 생각은 지혜가 아니다. 잠언 18장 16절 말씀처럼 재능(선물)이 있으면 자리가 나거나 문이 열린다. 성경에 제시된 원리는 하나님이 재능을 주시고, 그다음에 문이 열린다는 것이다. 그렇게 우리는 자신이 부름받았음을 안다.

우리가 타락한 세상에 살고 있다 보니, 당신이 재능을 구사하고 싶어도 사람들의 죄 때문에 부름을 받지 못할 때가 있다. 타인의 욕심, 시기, 두려움, 편견 등 온갖 잘못된 동기나 삐딱한 생각 때문에 당신의 재능이 무시되거나 충분히 쓰이지 못하는 경우가 얼마든지 있을 수 있다. 이 주제만으로도 따로 책을 쓸 만하겠지만, 이 책의 취지상 여기서 하고 싶은 말은 이것이다. 남들 때문에 재능을 펼칠 수 없는 게 사실이라면(의혹은 드는데 사실인지 확실하지 않을 때도 있다) 다른 데서 오는 부름에 귀를 기울여야 한다는 것이다. 자신의 재능을 직장, 교회, 친구 집단 등 어느 한 정황에서만 발휘하려는 이들이 많이 있다. 그러나 내가 아무리 너그러이 베풀어도 거기서 내 재능을 원하지 않는다면, 내 재능을 원하는 다른 곳을 찾아야 한다. 직장이나 교회나 친구 집단을 꼭 떠나야 한다는 말은 아니다. 다른 곳을 꼭 찾아보라는 뜻이다. 예수님은 우리 아버지의 집에 거할 곳이 많다고 하셨다. 한곳에만 갇혀 있지 말라. 나도 이 교훈을 배워야만 했다. 그러니 이것은 경험에서 우러난 진지한 말이다. 반면 재능을 발휘하게 해 주거나 멍석을 깔아 준다는 이유만으로 건전하지 못한 곳에 남아 있어서는 안 된다. 내가 아는 어떤 사람은 자신의 교회가 얼마나 불건전한 곳인지 알면서도 자기네 부부가 거기서 재능을 구사할 수 있다는 이유로 굳이 남아 있다. 물론 우리는 인간으로서 자존감 욕구를 타고났지만, 그럴수록 더 자존감을 채우기 위한 결정은 삼가야 한다.

부르는 이가 그만 부르면 소명이 정말 끝나기도 한다. 이 대목을 쓰기 얼마 전에 학자로서의 내 소명은 원치 않게 갑자기 끝나 버렸다. 사람들의 결함과 심지어 죄 때문에 일이 꼬인 결과다. 괴롭고 힘들었다. 하지만 이 특정한 부름은 끝났어도 더 큰 목적인 가르치고 배우는 일은 내게 계속된다. 시간을 두고 더 분별해야 한다.

둘째로, 방향을 돌려 보면 우리도 소명을 알아내려는 이들에게 해 줄 역할이 있다. 각자의 부름을 듣도록 우리가 적극 나서서 그들을 도와야 한다. 그러려면 그들 안의 재능과 강점을 보고 지목해 주어야 한다. 스스로는 보지 못할 수 있으나 우리가 격려하고 응원해 주면 그들도 자신의 재능을 살릴 수 있다. 특정한 재능을 갖추었을 뿐 아니라 실제로 발휘할 사람들이 세상에 필요하다. 그런데 아직 진로를 모색 중인 사람, 결정을 앞둔 사람, 방향을 정하려는 사람이 아주 많다. 타인의 참된 재능과 능력을 격려하고 인정해 주는 말 한마디가 그들이 자신의 소명을 알아내거나 지키는 데 어떻게 도움이 될지 아무도 모른다.

내게 얼마나 도움이 되었는지는 안다. 청년 시절에 우리 교회 목사가 내게 강연을 해 보라고 권했다. 당시 나는 일요일 저녁예배 때 교회에서 일어나 간증하는 것도 힘들었다. (내가 젊었을 때는 많은 교회에 간증 순서가 있었다.) 가르치고 글을 쓰는 일은 내게 열정이 있으니 한결 쉽다. 그런데 강연을 청탁하는 전화(부름)도 끊이지 않았다. 나는 강연에 열정도 없고 별로 잘하지도 못한다. 달변으로 청중을 빨아들이는 테드(TED) 강연 강사들과는 다르다. 무슨 말인지 알 것이다. 집을 떠나야 하는 출장도 내게는 힘들기만 하다. 하지만 사람들이 부르는 한 나는 부름에 응할 것이다. 글을 쓰는 데 도움이 돼서 강연을 병행하는 면도 있지만, 사람들이 아직은 나를 이런 섬김으로 부르기 때문이기도 하다.

당신의 기쁨과 세상의 필요가 만날 때

천직이 자신의 열정이나 갈망과 완전히 일치하지 않을 때도 우리는 거기서 기쁨을 얻을 수 있다. 하나님이 우리 안에 심어 주시는 갈망은 나침반처럼 우리에게 방향을 제시할 수 있다. 천직에 대한 프레드릭 비크너의 유명한 정의를 당신도 기억할지도 모른다. "하나님이 당신을 부르시는 곳은 당신의 깊은 기쁨과 세상의 깊은 필요가 만나는 자리다."[20] 다만 깊은 기쁨이 반드시 열정과 똑같지는 않다. 돕는 기쁨이란 가능하고 바람직할 뿐 아니라 지극히 인간적인 것이며, 그리스도인에게만 아니라 그냥 웬만한 사람이면 누구에게나 다 마찬가지다. 남을 돕는 것은 즐거운 일이다. "하나님의 선하신 뜻에 따라 모든 신자는 자신의 재능으로 세상을 이롭게 해야 한다."[21]

그래서 천직의 교리에서 강조되는 것은 우리가 하는 일이 아니라 우리의 일을 통해 하나님이 하시는 일이다.[22] 우리는 최선을 다할 뿐이고 성공이나 실패는 결국 하나님의 소관이다. 「칼라」의 화자는 바로 그런 실패 때문에 힘들어했다. 천직의 교리는 통상적 질문을 거꾸로 뒤집는다. "'나는 어떤 직업을 선택해야 할까?'를 물을 게 아니라 '하나님은 무엇을 하도록 나를 부르실까?'를 물어야 한다."[23]

바울이 로마서 12장 6-8절에 기술한 다양한 은사와 소명을 바탕으로 고든 스미스가 『소명과 용기』에서 제시한 것이 있다. 망가진 세상을 보는 관점도 하나님께 받은 은사(재능)에 따라 사람마다 다르다는 것이다. 선지자는 세상에 진리가 필요하다고 보고, 교사는 세상이 배워야 한다고 보고, 봉사자는 채워 주어야 할 필요에 주목한다. 그래서 자신의 천직을 알아내려면 망가진 세상이 자신에게 어떻게 **느껴지는지도** 보아야 한다.[24] 당신만의 재능으로 세상의 그 필요를 채워 주면 깊은 기쁨을 누릴 수 있다. 그것이 늘 재미있지는 않더라도 말이다.

포기와 거절

때로 하나의 부름을 수락하려면 다른 부름을 거절해야 한다.

끝내 하나님의 전화(부름)를 받지 못한 밀레니얼 세대 기업가 케이트 케네디에 따르면, 포기나 거절도 수락만큼이나 소명을 알아내는 과정의 일부다. 그녀는 "절대로 포기하지 말라"는 흔한 충고를 따르지 않았다. 오히려 "내가 끝까지 한 일 못지않게 중간에 그만둔 일도 나를 규정했다"고 썼다.[25] 일이 나와 맞지 않을 때는 그것을 깨닫고 포기해야 한다. 전화가 잘못 걸려 오거나 실수로 걸려 올 때 그것을 알아차리는 것과 마찬가지다.

그런데 전화를 내 쪽에서 먼저 걸지 않고 상대방 쪽에서 걸었고 그 사람이 나를 해당 역할을 수행할 적임자로 본다면, 그때는 거절하기가 더 까다로워진다. 기독교 정황에서는 특히 더하다. 대개 섬김과 희생이 당연시되는 데다 그것을 거절하면 죄책감까지 따라오기 때문이다.

우리 부부는 결혼한 지 얼마 안 되었을 때 작은 시골 교회에 다녔다. 교인들도 사역도 우리 마음에 쏙 드는 좋은 교회였다. 그런데 새로 나온 젊은 부부인 우리에게 머잖아 주일학교에서 가르치고, 중고등부 수련회에 보호자로 따라가고, 교회 버스를 운전하는 일이 맡겨졌다. 우리는 그 모든 일뿐 아니라 그 이상도 했다. 하지만 수십 년이 지난 지금도 탈진의 후유증이 남아 있다. 그때는 잘 몰라서 거절하지 못했다.

그 작은 교회가 일부러 청지기 역할에 소홀했거나 우리를 해치려 했다고는 전혀 생각하지 않는다. 하지만 지난 세월 나는 여러 개인과 기관이 조종과 죄책감 유발을 통해 착실한 사람들을 착취하는 폐해를 보았다. 숭배에 가까운 충성과 저임금 노동을 통해 돌아가는 시스템이었다. 그런 시스템이 늘 일부러 구축되는 것은 아니다. (인간의 본성과 기관은 그보다 훨씬 복잡하다.) 하지만 소명은 아주 귀하고 영향력 있는 하나님의 선물이다. 그런 선물이 다 그렇듯이, 소명도 자신의 것이든 남의 것이든 우리가 잘 간수하지 않으면 비뚤로 변질되기 쉽다. 실제로 "소명이 타락하면 소명보다 더 조종하기 쉬운 진리는 없다."[26]

날마다 우리는 많은 선택과 초대와 직무와 기회를 맞이한다. 천직의 정황에서 이를 **일상의 소명**이라 한다. 이런 책임은 꼭 평생의 더 큰 소명으로 발전하는 것은 아니지만 그래도 우리가 다해야 할 책임이다.

반면 자신의 소명으로 보이지 않던 일이 소명으로 발전할 수도 있다. 특히 그 일을 오래 하다 보면 그렇다. 패스트푸드 체인점에서 아르바이트로 일하던 대학생이 거기서 커리어를 발견할 수 있고, 그것이 요식 사업의 소명으로 이어지기도 한다. 부모가 시키는 매일의 허드렛일에서 벗어날 날만 고대하던 농장 아이가 막상 대학으로 떠났다가 학위를 딴 뒤

농가로 다시 돌아올 수 있다. 기존 농법에 신지식을 접목하도록 부름받은 것이다.

매일의 직무가 소명으로 발전할 수 있음을 알면, 그런 책임에 청지기답게 대처할 수 있다. 그 이상으로 발전하리라는 기대 없이 그냥 기회를 수락할 수도 있고, 그 이상으로 발전할 수 있으나 그것이 자신이 가려는 방향이 아니라서 기회를 거절할 수도 있다.

일례로 내가 학생들에게 인기도 있고 대학에서 최우수 교수 상도 받던 젊은 교수 시절에 학장이 내게 온라인 과정을 개발하는 일을 맡겼다. 마침 그 학교가 온라인 쪽으로 뻗어 나가던 시기였다. 나는 풋내기인 데다 거절해도 되는 건지 잘 몰라서 수락했다. 그 소식을 학과장이 들었다. 그는 나를 알았고, 내 재능을 알았고, 첨단 기술과 교수법은 물론이고 개인 취향 면에서도 내가 온라인 과정의 개발에 소요되는 모든 일을 싫어하리라는 것까지 알았다. 내 재능은 교실에서 가르치는 데 있었다. 그는 학장실로 쳐들어가 자신의 상사에게 그것이 내 일이 아니라고 말했다. 그래서 다른 사람이 선발되었다. 결국 온라인 과정을 누가 개발하든 학교 측에는 별로 중요하지 않았지만, 내 삶과 내 소명의 관점에서는 그 길로 가지 않는 게 매우 중요했다. 스스로 거절할 줄 모르던 내 곁에 나를 대변해 준 사람이 있었으니 정말 감사하다.

때로 사람들이 당신을 불러 일을 맡기는 이유는 당신에

게 그만한 실력이 있다고 보기 때문이다. 물론 그들의 생각이 맞을 수도 있지만, 그렇다고 당신이 그 일을 맡을 유일한 사람이거나 최적의 사람이라는 뜻은 아니다. 그래도 부탁받은 게 영광으로 느껴져 거절하기 힘들 때가 있다. 하지만 거절하는 게 여러모로 더 현명할 수도 있다.

또한 당신의 참된 소명이나 더 큰 책임에 방해되는 역할을 죄책감 때문에 또는 남에게 조종당해서 맡아서도 안 된다. "부름을 결정짓는 것은 필요가 아니다"라는 고든 스미스의 지적을 잊지 말라. 물론 우리는 최대한 너그럽게 긍휼을 베풀고자 힘써야 한다. 하지만 스미스의 말대로 "천직에 충실한 사람은 주변의 수많은 필요에 떠밀리지 않으며, 그리하여 자신의 천직을 실현하는 데서 벗어나지 않는다."[27]

소명을 발견하는 길

지금까지 살펴본 내용을 요약해 보자. 힘들 때도 많지만 그래도 일은 선한 것이다. 열정은 소명과 똑같지 않다. 자신이 좋아하는 일이라 해서 늘 유급으로 하는 것은 아니다. 직업과 커리어도 소명과 똑같지 않다. 천직은 당신의 일보다 크다. 하지만 천직을 실현하려면 유급이든 무급이든 일이 필요하다. 꼭 일 자체에 열정이 없더라도 소명에는 열정이 있을 수 있다. 하나님의 좋은 선물이 다 그렇듯이 소명도 타인이나 심지어 자신이 오용하거나 착취할 수 있다. 우리는 청지기로서 소명을 잘 간수해야 한다. 소명은 다양한 형태를 띨 수 있으며, 어떤 소명은 끝날 수 있다. 가장 중요하게는, 우리를 불러 주는 이가 있어야 한다.

이상의 모든 질문과 경고와 주의를 들었으니, 이제 당신은 도대체 어떻게 소명을 발견해야 할까?

안타깝게도 내게 무슨 비법이나 확실한 방책은 없다. **당신의 유일한 참된 소명을 제대로 발견하는 6단계** 같은 것도 없다! 미안하다.

그러나 당신에게 바른 방향을 가리켜 보일 수는 있다. 진리, 선, 아름다움을 가리켜 보일 수 있다.

당신이 모든 일과 모든 놀이에서 평생 범사에 진리, 선, 아름다움을 추구한다면 자신의 소명을 발견하리라 믿는다. 사실 나는 진리, 선, 아름다움을 추구하는 것 **자체**가 당신의 소명이고 내 소명이고 모든 사람의 소명이라고 본다.

6. 초월

워낙 선하고 옳아서 굳이 옹호하거나 정당화할 필요가 없는 것들이 있다. 철학에서는 그런 자명한 보편적 선을 절대 가치라 칭한다. 사실 선 자체도 절대 가치다. 진리, 선, 아름다움은 철학에서 말하는 초월적 존재의 속성이다. "존재의 속성"이란 모든 존재하는 것에는 그 존재 특유의 성질이 있다는 말을 철학적으로 표현한 것이다.

존재의 세 가지 초월적 속성

진리, 선, 아름다움은 하나님이라는 존재의 속성이다. 그분께 그런 본성이 있다. 그분은 그 셋의 궁극적 근원이다. 그것이 셋이라는 사실도 우연이 아니다. 세상에는 하나님의 본성인 삼위일체를 닮은 것들이 가득하다. 삼위일체 하나님이 세 인격체이면서 하나이듯이 이 세 가지 초월성도 하나로 연합해 있다. (덜 알려져 있기는 하지만 연합도 초월성이다.) 연합이라는 초월성은 진리, 선, 아름다움이 각기 따로 떨어져 존재할 수 없다는 뜻이다. 선하지 않고 참되지 않으면서 아름답기만 한 것은 있을 수 없다. 선한 것은 또한 아름답고 참될 수밖에 없다. 진리도 마찬가지다. 그래서 셋이면서 하나다.

세 가지 초월성은 존재하는 모든 것의 이상적 속성이다. 당연히 우리는 모든 존재가 선하고 참되고 아름다운 상태로 유지되기를 바란다. 예컨대 의자를 의자 되게 하는 존재의 속성이 있다. 좋은 의자는 의자가 할 일을 잘한다. 본분에 충실하기에 좋아 보인다. 의자가 감자 깎는 칼처럼 생겼다면 아마 제구실을 못할 것이다. 이 모든 속성이 연합하여 훌륭한 의자를 이룬다. 좋은 의자의 종류는 물론 다양하다. 좋은 개도 마찬가지다. 좋은 개는 본분을 다해 그냥 개로 (특히 '당신의' 개로) 잘 존재한다. 지구가 속한 은하에 수십억 개의 별이 있는데 태양이라 불리는 별은 그중 딱 하나다. 태양은 생명체를 살게 한다는 점에서 선하고, 세상 어디서나 하루도 어김없이 매일 우리 눈에 보이게 뜨고 진다는 점에서 충실하다. 그런 일을 참되게 잘하면서 아름답기까지 하다. 그뿐 아니라 태양은 존재 자체만으로 더 많은 아름다움을 생성한다. 의자와 개와 태양 등 존재하는 모든 것은 저마다 다양한 속성이 어우러져 독특한 진리, 선, 아름다움을 이룬다. 그러면서도 여전히 자신으로 남아 있다.

　이런 초월성은 인간에게도 적용된다. **특히** 인간에게 적용된다. 그 셋을 다 추구하면 인간됨의 본질인 덕 또는 탁월성을 수용하는 것이다. 그러나 셋 중 하나라도 버리면 하나님 형상의 핵심인 인간성이 축소된다. 우리가 진리, 선, 아름다움을 동경하는 이유는 하나님의 형상대로 지어져 그분을 동경하기 때문이다.

　영원한 절대적 이상인 이런 초월성은 우리의 유한한 인간성과 별개로 존재하며, 동시에 모든 인간이 동경하는 목표이기도 하다. 기독교 이전에 이런 개념을 처음 인식한 고대 철학자들도 그 사실을 알았다. 성경의 저자들도 알았다. 그리스 철학자들의 작품을 알았던 바울이 빌립보서 4장 8절에 쓴 말은 실제로 그들의 말과 맥을 같이한다. "끝으로 형제들아, 무엇에든지 참되며 무엇에든지 경건하며 무엇에든지 옳으며 무엇에든지 정결하며 무엇에든지 사랑받을 만하며 무엇에든지 칭찬받을 만하며 무슨 덕이 있든지 무슨 기림이 있든지 이것들을 생각하라."[1]

가장 자기다워지는 길

　세 가지 초월성은 각각 인류 보편의 특정한 일면과 맞물려 있다. 지상의 모든 피조물 중에서 인간은 진리를 분별하는 능력인 이성, 선을 분별하는 능력인 도덕성, 아름다움을 분별하는 능력인 심미안을 갖추었다는 점에서 독특하다. 다시 말해서 **진리**는 우리 지성의 목표이고, **선**은 우리의 도덕의지를 표현해 주고, **아름다움**은 우리의 미적 감각에 호소한다. 우리는 사고로 진리를 추구하고, 행동으로 선을 추구하고, 오감과 느낌으로 아름다움을 추구한다. 이런 능력을 기르면 고대 철학에서 말한 선한 삶, 예수께서 말씀하신 풍성한 삶(요 10:10)을 추구할 수 있다.

이런 초월성은 우리를 하나님과 서로에게로 이끈다. 덕분에 하나님의 형상을 지닌 한 개체가 다른 개체와 소통할 수 있다. 그래서 자크 마리탱은 이렇게 말했다.

초월성에 닿는 순간 인간은 우리 삶을 고결하고 즐겁게 해 주는 존재 자체, 하나님의 형상, 절대 가치에 닿는다. 영의 세계로 들어서는 것이다. 놀랍게도 인간은 존재를 또는 존재의 속성 중 하나를 통과할 때에만 정말 서로 소통할 수 있다. 그래야만 몸에 갇혀 있는 개체성에서 벗어날 수 있다. 감각적 욕구와 정서적 자아의 세상에 머물러 있다면 서로의 이야기를 나누는 것도 헛수고다. 서로 이해할 수 없기 때문이다. 서로 보아도 보이지 않고 각자 철저히 고립되어 있다. 설령 함께 일하거나 쾌감을 공유한다 해도 말이다. 그러나 성인(聖人)처럼 선과 사랑에 닿고, 아리스토텔레스처럼 진리에 닿고, 단테나

바흐나 지오토 디 본디네처럼 아름다움에 닿으면, 비로소 접촉이 이루어져 영혼과 영혼이 통한다.[2]

진리, 선, 아름다움이라는 초월성은 인류 보편의 속성이지만 개인의 삶마다 독특하게 드러나기도 한다. 존재의 속성 중에서 각 사람의 고유한 부분과 연결되는 것이다. 그래서 당신은 **당신다워지고**, 나는 **나다워진다**.

자신의 독특한 소명을 받아들이고 추구하는 것이 얼마나 중요한지가 E. 릴리 유의 『부수고 날리고 태우고 만들라: 창조에 대한 한 작가의 단상』에 탁월하게 예시되어 있다.

현 상태의 기독교는 의자와 보면대가 우르르 쓰러져 있는 리허설 현장과 같다고 할 수 있다. 클라리넷 주자와 두 비올라 주자는 지휘봉에 애써 집중하고 있는데, 뒤쪽의 마림바 주자는 지휘자를 무시한 채 최신 히트 가요를 요란하게 두들겨 댄다. 한편 복도에서는 바이올리니스트 백 명이 시끄럽게 싸우고 있다.

그녀의 말은 "오케스트라에 바이올린이 많이 필요하기는 하다"라고 이어진다. 그러나 누구나 다 바이올리니스트여야 할 필요는 없다. 전부 바이올리니스트가 되면 오히려 오케스트라는 사라진다. 타악기 주자는 "지휘봉에서 눈을 떼지 않고 30마디나 50마디나 100마디를 쉬며 기다리다가 제때에 트라이앵글로 딱 두 음을 쳐서 우주의 찬미가를 완성해야” 한다. 그 주자에게 필요한 “믿음을 생각해 보라”라고 유는 말 한다.[3]

세상이라는 오케스트라에서 우리 중 일부는 클라리넷, 일부는 바이올린, 일부는 트라이앵글이다. 각자 자신에게 해당하는 부분을 연주한다. 자기 차례가 올 때까지 100마디를 쉬며 기다려야 하는 이들도 있다.

진실하고 선하고 아름다운 삶

소명을 빼놓고는 분명히 우리는 본연의 모습이 될 수 없다.

소명을 알아내서 소명을 따라 살려면 진리와 선과 아름다움을 알아내서 진실과 선과 아름다움을 따라 살아야 한다.

거꾸로도 사실이다. 우리 모두는 진리와 선과 아름다움을 추구하도록 부름받았다. 우리의 전 존재와 행위로 그것을 추구해야 한다. 사실 나는 우리가 진리와 선과 아름다움을 추구하지 않고는 소명도 추구할 수 없다고 생각한다.

그 이유를 다음 석 장에서 설명하려 한다.

7. 진리

소명을 통해 진리를 추구한다는 말은 무슨 뜻일까?

적어도 네 가지 뜻이 있다. 진리 자체를 생각해야 하고, 자신에 대한 진실을 알아야 하고, 자신이 부름받은 일에 대한 진실을 알아야 하고, 무엇을 하든 진리 가운데 행해야 한다.

진리란 무엇인가

먼저, 진리가 무엇인지 생각해 보자. 잠시 철학적 얘기를 조금만 할 테니 양해하기 바란다. 그 뒤에 요점으로 넘어갈 것이다.

오늘날 그리스도인들은 진리에 대해 많이 말한다. 글이나 블로그나 SNS에 의견을 밝히고 때로 우기기도 한다. 물론 성경에도 진리에 대한 말씀이 많다. 그러나 우리가 진리를 자주 거론하는 이유는 성경이 진리를 말해서라기보다 절대 진리를 배격하는 상대주의가 현대 문화에 깊숙이 스며들었기 때문이다. 그래서 우리는 이에 맞서 진리를 옹호할 필요성을 느낄 때가 많다. 거기까지는 좋다.

그러나 이런 대응에서는 선과 아름다움이 경시된다. 예컨대 "모든 진리는 하나님의 진리다"라는 경구는 널리 회자된다. (나도 아주 좋아하는 말이다!) 그런데 "모든 선은 하나님의 선이다"나 "모든 아름다움은 하나님의 아름다움이다"라는 말은 몇 번이나 들어 보았는가? 그나마 들어 보았다면 말이다. 하나님이 진리, 선, 아름다움의 궁극적 근원이므로 이 말들도 똑같이 사실이다. 하지만 대등한 개념인데도 표현되는 일은 거의 없다. 물론 우리는 하나에 주목하느라 다른 것을 경시하기 쉬운 유한한 인간이다. 하지만 단언컨대 이 세 가지 절대 가치 중에서 하나라도 제대로 옹호하려면 다른 둘에도 똑같이 주목해야 한다. 사실 아름다움이 주관적이고 순전히 제 눈에 안경이라는 개념은 진리가 주관적이라는 개념보다 먼저 등장해서 후자를 부채질했다.[1] 선과 아름다움을 떠나서는 진리도 있을 수 없으므로, 다른 둘을 빼놓고 진리를 옹호하려는 시도는 다 실패할 수밖에 없다. 진리를 배격하는 상대주의 문화에 그리스도인들마저 점점 더 굴복하는 이유가 어쩌면 이것으로도 설명될 것이다. 선과 아름다움을 떠나서는 우리도 상대주의에 맞서려다 오히려 상대주의의 희생물이 될 수밖에 없다.

그렇다면 진리란 무엇인가?

본디오 빌라도가 예수님께 십자가형을 선고하기 전에 했던 게 이 질문이다. 내 생각에 그는 정말 알고 싶었을 것이다! 빌라도의 질문은 예수께서 자신이 태어나 세상에 오신 이유가 "진리에 대하여 증언하려 함이로라"라고 말씀하신 직후에 나왔다(요 18:37-38). 인간은 본래 진실을 동경하게 되어 있다. 걸핏하면 속고 심지어 자신에게까지 속는 우리일지라도 말이다. "우리는 건강과 우정과 사랑을 원하듯이 알기를 원한다."[2] 세상 이치에 맞게 살려면 진리를 추구해야만 한다.[3]

진리는 많은 것으로 은유된다. 진리는 자유다. 우리가 행하는 길이다. 우리를 동여 주는 허리띠다. 영이면서 육신이다. 진리는 사망을 이기는 생명이고 어둠을 몰아내는 빛이다. 예수님이 곧 진리다.[4] 진리가 인격체라는 뜻이다. 그래서 예수님을 닮아야 하는 우리도 그분을 닮을수록 진리 자체를 닮아 간다.

추상 관념 이상의 인격체

"자신에게 진실하라"는 말은 의미가 변질되었다. 분명히 이 문구는 진실에 근거하지 않고 순전히 주관에 근거해서 쓰일 수 있다. 순간의 느낌이나 충동 외에는 닻이나 뿌리가 없이 말이다.

하지만 우리 각자를 하나님이 모태에서 빚으실 때 목적과 소명과 성격까지 주셨다고 믿는 그리스도인의 경우, 그분이 지으신 본연의 자신에게 진실해야만 진리는 인격체가 될 수 있고 인간은 참으로 자기다워질 수 있다.

진리는 추상 관념 이상이다. 진리는 살과 피로 육화되어 실현될 때 가장 진실하다. 진정성이 깊은 이들을 당신도 알 것이다. 그들은 자신의 정체성, 살아가는 방식, 남을 대하는 태도 등에서 워낙 정직하게 살기 때문에 누구나 그들이 **진실하다**는 것을 그냥 안다.

진리는 무엇이며 그것을 어떻게 아는가

진리는 변하지 않지만, 진리가 무엇이고 그것을 어떻게 아는가에 대한 우리의 이해는 시대에 따라 달라진다. 각 개인의 이해도 나이가 들고 경험이 쌓임에 따라 달라진다.

예컨대 현대 후기를 사는 오늘날의 그리스도인에게는 진리에 대한 염려가 있는데, 이는 다른 시대 다른 지역의 사람들에게는 딱히 없었던 것이다. 계몽주의는 진리를 보는 관점을 바꾸어 놓았다. 계몽주의 이후에 "과학"이란 단어의 의미가 표변한 것을 생각해 보라. 고대로부터 중세에 이르기까지 그 단어는 학문이나 기술 각 분야의 "지식" 내지 "학식"을 뜻했다. 모든 지식을 망라한 것이다. 그런데 과학 혁명(단어의 본뜻대로 하자면 **지식** 혁명인데) 이후로 그 단어의 의미가 특정한 **종류**의 지식으로 바뀌었다. 즉 이제 "과학"은 물질세계와 관련하여 경험하고 시험하고 검증할 수 있는 사실만을 뜻한다.[5] 고대인은 그것을 자연철학이라 불렀다. 과학이란 단어의 의미가 바뀌었을 뿐인데 세계관 전체에 혁명이 일어났다. 사실상 지금은 과학 지식만 지식으로 간주된다.

그러나 지식과 진리는 과학적 사실만이 아니라 훨씬 그 이상이다. 따라서 우리가 진리를 이해하는 방식에는 방대한 의미가 함축되어 있다.

예수님이 비유를 말씀하셨을 때, 정말 씨 뿌리는 농부가 있어 그 씨가 더러는 돌밭에 떨어졌고 더러는 그렇지 않았는지를 아무도 의심하지 않았다. 예수께서 전달하시려는 진리가 이야기의 문자적 차원 너머에 있음을 누구나 알았다. 오랜 세월 후 존 번연은 『천로역정』이 허구라고 비난받을 것을 우려한 나머지 긴 서문을 운문으로 써서 그 책이 허구가 아니라 우화임을 설명했다. 지어낸 이야기인 픽션과 사실 그대로인 논픽션을 구분하는 것은 현대에 와서야 생겨난 현상이다. 이런 구분은 사실과 허구의 차이가 진리를 아는 데 중점이 된다는 현대적 시각의 산물이다.

반면 플라톤을 위시한 고대 철학자들은 진리를 "물질세계의 경험적 연구를 통해서만 아니라 물리적 우주의 배후에 놓인 초월적 선(善)의 관상(觀想)을 통해서도 발견해야 한다"는 것을 알았다.[6] 이는 진리가 세상에 대한 우리 개개인의 주관적 경험 너머에 존재한다는 뜻이다. 물리적 형태의 세상뿐 아니라 우리가 정서적, 영적, 지적으로 경험하는 세상에 대해서도 마찬가지다. 진리는 그렇게 경험되는 사실을 우리가 어떻게 해석하고 종합하고 적용할 것인지를 아는 데 도움이 된다. 진리는 의미를 부여하는 데 도움이 된다. 우리는 인간이라는 이유만으로 의미를 부여한다. 새는 둥지를 짓는 동물이고, 물고기는 물에서 숨 쉬는 동물이고, 고양이는 발로 꾹꾹이를 하는 동물이고, 인간은 의미를 부여하는 동물이다.

빅터 프랭클이 썼듯이 실제로 삶의 "주된 동기는 바로 의미의 추구다."[7]

우리는 진리를 구하고 의미를 찾도록 지어졌다. 기독교 이전의 철학자들에게 물질세계는 물질 너머의 초월적 진리를 가리켜 보였다. 그리스도인에게 이는 창조세계 전체가 진리를 가리켜 보인다는 뜻이다.

창조세계 전체가 가리켜 보이는 진리에는 당신의 소명에 대한 진리도 들어 있다. 천직의 의미는 일 자체로만 정해지는 게 아니다. 의미는 의미를 찾는 이에게 발견된다. 어떤 사람은 시를 읽어도 거기서 아무것도 건지지 못할 수 있다. 그러나 신중히 탐색하는 유능한 독자는 똑같은 시에서 아주 풍성한 의미를 길어 올린다.

태초에 시가 있었다.

우리는 다 알거나 이해할 수 없다

물리적 실재의 진리와 초월적 실재의 진리가 성육신을 통해 하나로 만났다. 육신이 되어 우리 가운데 거하신 하나님은 **로고스**다. 이 그리스어 단어에 많은 뜻이 있는데 그중에 "진리"라는 뜻도 있다. 빅터 프랭클은 그것을 단순히 "의미"로 정의했다.[8]

요한복음에 그리스도의 이름으로 쓰인 이 단어는 고대 그리스 세계에 이미 존재했다. 철학에서 "신성한 보편 이성" 개념을 지칭하던 단어였다. 자연에서 볼 수 있으면서도 또한 물질세계를 초월하는 이 이성은 "창세로부터 존재하여 누구나 찾으면 깨달을 수 있는 영원불변의 진리"를 가리켰다.[9] 예수님은 보이지 않는 세계의 가시적 현현이다. 초월적 이상인 "선"이 그분을 통해 실제로 현존하는 유형(有形)의 선이 된다. 예수님이 곧 진리다. 나아가 그분은 성육신과 죽음과 장사와 부활을 통해 엄연한 사실이 되신다.

다만 진리에는 초월성도 있으므로 우리 개개인의 유한한 주관적 자아로는 결코 진리를 다 이해할 수 없다 진리는 영원하고 절대적이고 보편적이다.

이것을 다르게 더 잘 표현한 말이 바로 "여호와를 경외하는(두려워하는) 것이 지식의 근본이거늘"(잠 1:7)이다. 하나님이 아시는 것을 우리는 모른다. 우리는 이 사실을 존중하다 못해 두려워해야 한다. 비행기 조종에 대해 문외한인 내가 조종석에 앉아야 한다면 당연히 두려울 것이다! 숙련된 유능한 조종사들도 어느 비행에든 끼어들 수 있는 온갖 미지의 사태에 대해 건강한 두려움을 품는다.

“알면 알수록 모르는 게 많아진다”는 금언을 당신도 알 것이다. 학교나 직장이나 인생 경험에서 당신이 구축한 전문 분야를 생각해 보라. 그 분야의 지식이 많아질수록 그 주제의 깊이가 얼마나 무궁무진한지를 더욱 실감하게 된다. 양자물리학이든 새의 짝짓기 의식(儀式)이든 전염병이든 다 마찬가지다.

알다시피 우리는 무엇 하나라도 완전히 다 알 수는 없다. 상당한 경험과 전문 지식을 갖춘 분야라도 마찬가지다. 그런데도 우리는 진리를 추구하도록 지어졌다. 진리를 깨닫고 적용하되, 마치 진리가 강물 속의 기다란 징검다리 끝에 놓인 값진 보물인 것처럼 그리해야 한다. 그 길을 가려면 징검돌을 하나씩 밟아 나가야만 한다. 다음 돌을 딛을 때까지 돌마다 안전하게 버티도록 만전을 기해야 한다.

진리는 위력이 있다. 진리는 생사가 달린 문제인 만큼 우리는 진리를 신중히 관리해야 한다. 아기에게 성교육을 하는 사람은 없다. 시간을 두고 점차 나이에 맞게 사실과 정보를 알려 주어야 한다. 비슷하게 고용주와 목사와 상담자는 날마다 민감한 정보를 접하지만, 그들 외에는 직무 수행에 그런 정보가 필요한 사람이 거의 없다. 하나님도 시간을 두고 말씀과 성육신과 성령의 감화를 통해 자신을 계시하셨다. 아직도 다 계시하신 것은 아니다. 이 땅에서 그분의 영광을 다 보면 누구도 살아남을 수 없다.

그분의 방식대로

내가 가장 좋아하는 시 중 하나에 에밀리 디킨슨이 이 개념을 아주 유려하고 통찰력 있게 표현했다.

진실을 다 말하되 에둘러 말하세요.
돌려서 말해야 성공해요.
연약한 우리가 기쁘게 받기에는
진실의 아찔한 충격이 너무 눈부셔요.

아이들에게 친절히 설명해 주면
번갯불을 덜 무서워하듯이
눈부신 진실도 조금씩 알려야지
그렇지 않으면 모두 눈이 멀 거예요.[10]

진리는 너무 눈부셔서 우리는 그것을 똑바로 바라볼 수 없다. 마치 해를 보는 것과 같아서 우리가 감당할 수 있는 것은 한 줄기 비스듬한 빛뿐이다. 폭풍을 무서워하는 아이들처럼 우리에게 필요한 지식도 우리가 소화할 수 있는 만큼에 불과하다. 그만큼의 설명이 가장 친절하다. "눈부신 진실도 조금씩 알려야지" 그렇지 않으면 우리는 눈이 먼다. 금단의 열매를 따 먹고 당장 쓰러진다.

아담과 하와에게 금지된 것은 에덴동산의 나무로부터 얻을 수 있는 지식이 아니었다. 잘못된 것은 그 지식을 얻는 방법이었다. 바이블프로젝트(BibleProject)에 따르면, 나무 이름을 "선악을 알게 하는 나무"로 더 정확히 번역하면 그 점이 한층 분명해진다. 하나님의 형상대로 지어진 피조물인 아담과 하와는 도덕성과 더불어 창조세계 전체에 대한 청지기 역할을 부여받았다. 아담과 하와가 하나님께 받은 책임과 도의를 제대로 다했다면, 분명히 그분은 때가 되면 그들에게 선악을 아는 필수 지식, 즉 진리도 계시하셨을 것이다. 그런데 그들은 성급히 자기네 방식대로 알려고 했다. 그 결과 세상에 죽음이 들어왔다. 그래서 나무 이름을 통상적 역문인 "지식의 나무"보다 "알게 하는 나무"로 번역하면, 아담과 하와가 **무엇을** 알게 되는가보다 그것을 **어떻게** 알게 되는가에 방점이 제대로 찍힌다. 하나님이 어련히 그분의 때에 그분의 방식대로 진리를 계시해 주시련만 그들은 기다리지 않았다.[11] "하나님은 모든 것을 아실 뿐 아니라 우리에게 그분의 방식까지 가르쳐 주려 하신다."[12] **그분의 방식대로** 말이다.

소명을 발견하고 따르려면 많은 분별과 시간이 요구될 수 있다. 그래서 추수철까지 기다리며 일하기보다 나무의 설익은 사과를 따려 하기가 쉽다. **분명히** 우리는 진리를 알도록 지어졌다. 진리가 우리를 자유롭게 한다. 아울러 우리는 자신의 소명을 알고 이루도록 지어졌다. 다만 그런 지식을 얻으려면 당연히 시간이 걸린다.

그 시간의 태반은 자신을 알아가는 데 소요된다. 자신이 누구이고 누가 아닌지를 알아야 한다.

자신에 대한 진실을 알아야

자신이 누구인지 모를 때 벌어질 수 있는 일이 아서 밀러의 희곡 『세일즈맨의 죽음』에 명쾌히 예시되어 있다.

세일즈맨 윌리 로먼은 자신이 누구인지 몰랐다. 그것이 그의 비극이었다.

연극 초반에서 보듯이 늙어서도 무능하게 방황하는 월리는 자기 시대인 20세기 중반 미국의 구호대로 살았다. 평소 그가 듣고 믿은 말은 오늘날의 구호인 "자신의 열정을 추구하라"가 아니라 "남의 호감을 사면 부족한 게 없으리라"였다.[13] 그가 생각하기에 자신과 두 아들이 성공해서 행복하게 사는 비결은 남의 호감을 사는 것이었다. 젊어서부터 월리는 자신보다 나이가 많은 어느 세일즈맨의 엄청난 영향력과 인기를 보고 평생 그 사람을 모방하려 했다. 그러나 똑같은 성공을 얻는 데 실패한다. 남의 인생을 살려 해서는 아무도 성공할 수 없기 때문이다.

윌리가 죽은 후 아들 비프는 집 여기저기를 손본 아버지의 솜씨를 보며 생전에 아버지가 손을 쓰는 일을 가장 즐거워했음을 깨닫는다. 그런데 윌리는 그런 일을 얕보았다. 아메리칸드림에 취해 성공에 대한 거짓된 이야기를 믿었던 것이다. "아버지는 온통 자신에게 맞지 않는 엉뚱한 꿈을 꾸었어. 자신이 누구인지 몰랐던 거야." 비프가 깨닫고 나서 동생에게 하는 말이다.[14]

윌리의 어긋난 신념은 일종의 민간 처세술로 시작되어 가정과 사회에 전수되었다. 거기에도 진실이 조금은 있으나 검증된 진실이 아니라 어림짐작일 뿐이므로 실패할 수밖에 없다. 호감을 사려는 윌리의 갈망이 다 잘못된 것은 아니다. 사랑받고 싶은 마음이야 인지상정이다. 윌리의 잘못은 다른 데 있다. 그는 인기를 부와 사회적 성공을 얻는 수단으로 생각했고, 그렇게 성공할수록 더 호감을 살 줄로 알았다. 남의 인생을 자신의 꿈으로 삼은 것이다. 그러느라 그는 끝내 자신을 알지 못했다. 손을 쓰는 일을 했더라면 더 행복했을 그가 자신의 귀한 재능과 갈망을 버리고 남의 것을 탐냈다. 그것이 비극이다.

오스 기니스가 『소명』에서 말했듯이 "자신을 알려면 자신의 재능만 아니라 간절히 이루고 싶은 가장 깊은 갈망도 알아야 한다."[15]

오랜 세월 나는 미국 사회의 허다한 사람처럼 이유도 생각해 보지 않은 채 집을 소유하고 싶었다. 그것을 성공의 한 증표로 여겼다. 그런데 우리 부부는 (밀레니얼 세대가 아닌데도!) 첫 집을 사는 데 오래 걸렸다. 당시 나는 박사 학위를 받을 날이 얼마 남지 않았었고, 남편은 음악을 풀타임으로 연주하는 꿈을 이루던 중이었다. 부부 사이도 건강하고 돈독했으며 교회 가족도 사랑이 넘쳤다. 그런데 왜 그 정도로는 "성공"으로 치기에 부족했을까? 내 머릿속에 다른 이야기가 있었기 때문이다. 그것을 더 진실한 이야기로 대체해야 했다. (결국 우리는 첫 집을 샀으나 결과는 악몽이었다. 지금 살고 있는 집도 다년간 열심히 일해서 장만한 것이다.)

소명을 발견하려면 자신의 강점, 한계, 열정, 잠재력 등 자신에 대한 진실을 알아야만 한다. 물론 이런 것을 안다고 해서 그대로 다 이루어지는 것은 아니다. 하지만 알고 있으면 그것을 길잡이와 난간으로 삼아 자신에게 더 진실한 방향으로 쭉 일관할 수 있다. 우리의 갈망이 내 것인 것 같지만 다른 데서 온 것일 때가 많다. 캐슬린 캐헤일런은 "천직의 목표는 하나님의 진리를 알아내 실천하는 것이다. 그 진리는 각자의 삶마다 특수성을 띠거니와, 당신이 누구이고 어떻게 살아가야 하는가에 관한 진리이기 때문이다"라고 썼다.[16]

일의 성격과 세상의 필요도 알아야

일과 소명에 관련된 결정을 내릴 때는 자신만 아니라 일 자체의 성격도 알아야 한다.

다행히 나는 그런 교훈 중 하나를 일찍이 대학 인턴십 기간에 배웠다. 2학년 때 전공을 영문학으로 바꾸기는 했는데 그 학과의 장래성이 묘연했다. 그래서 실용 노선도 겸하고 싶어 홍보와 커뮤니케이션을 부전공으로 택했다. (앞서 내가 대학생의 학부모들에게 실용 노선이 꼭 실용적인 것만은 아니라는 조언을 자주 한다고 했던 말을 기억하는가? 내 삶으로 터득한 교훈이다.) 내가 경영학 과목들을 수강했다는 게 지금도 믿어지지 않지만, 홍보와 커뮤니케이션 과정에 그런 과목과 인턴십도 들어 있었다. 인턴십은 어느 마케팅 회사에서 했다. 결과적으로 내 직장 생활 초기의 가장 값진 경험 중 하나였다. 거대한 창밖으로 강변을 따라 굽이진 고속도로가 내다보이는 도심 건물의 칸막이 자리에서 나는 열심히 일했다. 그러면서 내가 사무실 생활과 정장 차림과 9시부터 5시까지 일하는 스케줄을 얼마나 싫어하는지를 깨달았다. 달리 무엇을 기대했는지 모르겠지만, 그런 일이 실제로 어떤지 알려면 직접 겪어 보아야 했다. 그 후로는 작정하고 대학원에 진학해 학문의 길을 걸었다. 다시는 팬티스타킹을 입지 않았다.

물론 자신이 좋아하지 않는 직업에 종사해야 하는 이들도 아주 많다. 여태 지구상에 살았던 대다수 사람이 그럴 수밖에 없었다. 문제는 당신에게 일을 선택할 자유와 기회가 **있는** 상태에서 결정을 앞두고 있을 때다. 그럴 때 자신의 천직을 참으로 발견하려면 반드시 일 자체의 성격을 알아야 한다. 자신에 대한 진실과 일에 대한 진실을 알아야 소명을 제대로 발견할 수 있다. 아무리 의도가 좋아도 본인이 잘할 수 없는 일을 하면 아무에게도 도움이 되지 않는다.

도로시 세이어즈도 그 점을 단도직입적으로 말했다. "일꾼의 신앙이 독실하다 해서 엉성한 일 처리가 상쇄되지는 않는다. 일에 무능한 것은 거짓된 삶이다.…… 하나님의 일이라 칭할 수 있으려면 일단 일을 잘해야 한다."[17]

누군가 내게 일부 현대 미술 작품이 그리기 쉽고 간단해 보인다고 말할 때면 나는 이렇게 묻곤 한다. "캔버스를 팽팽하게 고정할 줄 아시나요? 아크릴 도료 사용법은요?" 그림을 그릴 재료를 다루는 데만도 지식이 필요하다. 분명히 내게는 없는 지식이다. 단지 쉬워 보인다 해서 기술이 필요 없는 것이 아니다. 겉으로 드러나지 않을 뿐이다. 일에 대한 진실을 알려면 내가 할 줄 모르는 일이 많다는 것을 인정해야 한다. 그 일을 남들은 열심히 노력해서 터득했다.

자신에 대한 진실과 일에 대한 진실에 더하여, 끝으로 우리는 세상에 무엇이 필요한지에 대한 진실을 알아야 한다. 돈키호테를 기억하는가? 그는 기어이 빛나는 갑옷 차림의 기사가 되고 싶었다. 그런 자신이 세상에 필요하다고 생각한 것이다. 세상이 변하고 있는데도 그는 낭만주의에 젖어 현실을 인식하지 못했다. 마차용 채찍 신세가 된다는 표현은 구시대의 유물이 된다는 뜻의 관용구다. 자동차 시대가 도래하면서 마차용 채찍 제조업은 수요가 다했다. 우리 중에 자신의 천직을 그 정도로 현실과 동떨어지게 결정할 사람이야 거의 없겠지만 그래도 꼭 기억해야 할 것이 있다. 각자가 처한 시대와 지역에서 우리의 소명은 어느 정도 세상의 현실에 좌우되게 마련이다.

자신의 한계를 인식하고 수용해야

그리스도인에게 진리는 워낙 중요하고 명백해서 거의 당연시될 정도다. 이 또한 문제의 일부다. 우리는 진리의 중요성을 철석같이 믿고 진리를 치열하게 추구한다. 우리 딴에는 그렇다. 그러다 보니 소명을 생각할 때도 자신이 진리 가운데 행하고 있다고 예단하기 쉽다.

물론 진실하려면 정직하고 성실해야 한다. 자신이 하는 일과 관련된 지식과 기술도 연마해야 한다. 그러나 대문자 T를 쓰는 진리(Truth)는 그보다 훨씬 많은 것을 두루 아우른다.

알다시피 예수님은 곧 진리다. 알다시피 우리는 예수님과 동행해야 한다. 알다시피 그분의 말씀이 하지 말라고 가르치는 일은 누구도 해서는 안 된다. 하나님이 당신을 불러

매춘부가 되게 하실 리는 없다. 확실하다. 그분이 당신을 불러 동네 초등학교에서 불법 마약을 팔게 하실 리도 없다. 당연하다. 그분은 당신을 불러 "애인을 찾는 기혼자" 웹사이트를 운영하게 하실 분도 아니다. 두말할 것도 없다! 사람들이 세상에서 하는 어떤 일은 결코 그분이 누구에게도 명하실 만한 일이 아니다. 우리를 그분께 불순종하도록 부르실 분이 아니기 때문이다.

하지만 유구한 인류사를 돌아보고 하나님이 지으신 풍요로운 세상과 더없이 창의적인 세상 이치를 생각해 보면 쉽게 알 수 있는 사실이 있다. 그분이 설계하신 대로 우리가 이웃을 섬김으로써 그분을 섬길 수 있는 길은 무한대에 가까운데 반해, 그분이 정하신 금지 구역은 상대적으로 지극히 미미하다는 것이다.

소명을 참으로 알아내려면 자신의 재능과 강점을 인식하고 수용하는 것만큼이나 자신의 한계도 인식하고 수용해야 한다. 무엇이든 다 할 수 있거나 될 수 있는 사람은 없다. 그런데 한 분야에서 확실한 소명을 받았는데도 교만이나 반항심이나 착각이나 어리석음 때문에 다른 소명에 뛰어드는 사람이 우리 주변에 얼마나 많은가? 물론 범하기 쉬운 실수다. (윌리 로먼도 착각한 탓이 컸지 일부러 실패하려 한 게 아니다.) 그래도 내 생각에 우리는 무엇이든 다 할 수 있다는 거짓말을 믿는 문화 속에 살다 보니 너무 무리하거나 도에 지나칠 때가 있다. 굳이 열심히 찾지 않아도 그런 예는 많다. 그들은 그렇게 살면서도 당당하다. 당당해 보인다.

남의 일이 쉬워 보이는 이유는 그것이 다년간의 수고와 공부와 실천에서 비롯한 결실이라서 그렇다. 그것을 보며 "와, 나도 저 일을 하고 싶다!"라고 생각하기 쉽다.(다년간의 수고와 공부와 실천은 생각하지 않고서 말이다. 또 별로 수고하지 않고 성공한 이들을 보며 그것을 탐내기도 쉽다. 이게 더 큰 문제일 수 있다.) 그러나 뭔가를 보고 탐내는 것과 그 일을 하도록 부름받는 것은 다르다.

나는 엄마가 되고 싶었으나 하나님은 나를 그 길로 부르지 않으셨다. 그분의 부름이 막히지 않도록 치료와 수술까지 받았는데도 소용없었다. 그래서 일부 독자들이 하나님의 형상을 지닌 아이들을 새로 낳고 기르는 동안, 나는 시간을 들여 학교에 다니고 책을 읽고 논문을 쓰고 『베오울프』를 번역하고 수업을 가르치고 책을 더 읽다가 결국 내 책을 썼다. (물론 트위터에 들인 시간도 있다.) 요점은 누구도 무엇이든 다 가질 수는 없다는 것이다. 하나님이 우리를 어디로 부르시든 우리에게 필요한 소명은 그것뿐이다. 그것 외에는 탐내지 말아야 한다. 그분이 나눠 주신 그대로 이미 선하다(고전 7:17).

지혜로운 분별이 필요한 시대
우리의 현실 감각과 기대치는 주변에서 보는 것들의 영

향을 받는다. 본래 인간은 공동체로 살도록 지어졌고 공동체를 통해 형성된다. 앞서 아들과 자전거에 대한 블랙커비의 이야기에서 보았듯이 우리의 갈망은 주변 세상을 통해 빚어진다.

SNS에서 쏟아져 나오는 수많은 이미지와 가상 공동체는 그런 현실을 극대화한다. 뷔페식당처럼 우리 앞에 가지각색의 메뉴를 차려 내는 게 SNS의 위력이다. 존재하는지조차 몰랐던 온갖 음식에 어느새 우리는 군침을 흘리고 있다.

기회의 수가 무한대에 가까워진 만큼, 우리는 기회가 곧 부름인지 여부를 숙고해서 지혜롭게 분별해야 한다. 소명과 관련해서 무엇이 정말 (실재에 꼭 부합하는) 진리이고 무엇이 왜곡된 진리인지를 분간하기란 어렵고 미묘할 수 있다. 하지만 그럴수록 더 진리를 먼저 추구하면 자신의 소명을 발견하는 데 도움이 된다.

8. 선

선하고 좋은 삶

진리가 명백히 드러나면 그것이 곧 선이다. 진리가 지식으로 연결되듯이, 선은 행동과 행동하는 방식으로 연결된다.

이 실재를 하나님의 역동적인 창조 행위에서 볼 수 있다. 태초에 시작되어 창세기에 기록된 그분의 창조 행위는 오늘날 우리 삶 속에도 계속된다. 그분은 자신의 창조 행위가 "좋았더라", "심히 좋았더라"라고 선언하셨다.

이 좋다는 선언은 참되며 또한 아름다움을 가리켜 보인다. 다시 말하지만 참되지 않고 아름답지 않으면서 선하기만 한 것은 있을 수 없다. 실제로 하나님이 자신의 창조세계를 묘사할 때 쓰신 "좋았더라"라는 단어는 도덕적 선과 미적 선(아름다움)을 둘 다 가리킨다.[1]

"좋다"는 단어의 이런 이중적 의미는 오늘날에도 남아 있다. 예컨대 우리는 근래에 본 영화나 콘서트에 대한 소감을 묻는 질문에 "좋았어"라고 답한다. 어떻게 좋았는지 자세한 설명을 덧붙일 수 있겠지만, 우리가 뭔가가 좋다고 말할 때는 대개 모든 중요한 면에서 좋았다는 뜻이다.

타락한 세상이나마 우리가 세상에서 보는 선이 선한 이유는 하나님이 세상을 선하게 지으셨기 때문이다. 타락한 인간이나마 우리가 할 수 있는 선한 일이 선한 이유는 순전히 그분의 선을 반영하기 때문이다. "우리는 그가 만드신 바라. 그리스도 예수 안에서 선한 일을 위하여 지으심을 받은 자"다(엡 2:10). 우리의 착한 행실과 선한 삶은 하나님을 영화롭게 한다(마 5:16, 벧전 2:12). 세상의 고난과 죄야 이루 다 말할 수 없지만, 그럼에도 세상이 또한 선으로 충만한 이유는 하나님이 선하시기 때문이다.

시인 제라드 맨리 홉킨스가 그의 가장 유명한 시 중 하나에 표현했듯이 "세상은 하나님의 장엄하심으로 가득 차 있다."[2] 좋은(선한) 삶이란 이 땅에 충만한 것들과 그것들의 무한한 선을 보고 즐거워하며 그 선에 일조하는 삶이다. 바로 그것이 우리 소명의 목적이다.

시간을 요하는 선의 열매

물론 우리는 하나님과 달리 시간 속에 존재하며, 모든

선한 것은 시간을 요한다. 우리 노동의 선한 열매도 마찬가지다. 무엇이든 말만 하면 "짠!" 하고 생겨나는 게 아니다. 그래서 어느 작가는 이렇게 말했다.

> 빵을 만들려면 시간이 걸린다. 빵은 우리에게 하나님의 영광을 보여 주는 또 하나의 피조물이다. 밀알이 땅속에서 죽고 자라나는 데 시간이 걸린다. 추수하는 데 시간이 걸린다. 누룩이 퍼지는 데 시간이 걸린다. 재료를 섞는 데 시간이 걸린다. 반죽을 굽는 데 시간이 걸린다. 이 모든 시간이 선하다.[3]

참으로 **선하다**.

사람의 재능은 타고날 수 있지만 성품을 기르는 데는 시간이 걸린다. 그런데 다이앤 랭버그가 지적했듯이 종종 "우리는 재능을 성품으로 혼동한다."[4] 이런 혼동은 우리에게 해롭다. 급하게 무엇이든 당장 원하는 게 인간이지만, 밭의 수확처럼 성품의 시험도 시간이 걸린다는 사실을 에두를 수는 없다.

일이란 우리가 그 일에 혼신을 다한 후에만 숙달될 수 있는 공예와도 같다. 당신의 일이나 소명이 무엇이든 그렇게 접근하면, 소명을 보는 관점이 열정에만 기초해서 볼 때와는 달라진다. 칼 뉴포트는 이 개념을 "장인(匠人) 사고방식"과

"열정 사고방식"을 대비해 설명하면서 이렇게 썼다. "장인 사고방식은 **내가 세상에 줄 수 있는 것**에 집중하는 반면, 열정 사고방식은 **세상이 내게 줄 수 있는 것**에 집중한다. 대다수 사람은 후자의 사고방식으로 자신의 일에 임한다."[5]

누구보다도 그리스도인은 일에 임할 때 세상에서 뭔가를 얻으려 하기보다 세상에 뭔가를 주려 해야 한다. 그런데 솔직히 나는 주어진 자리에서 자신의 재능으로 "섬기고만 싶다"고 말하는 사람은 거의 본 적이 없다. 그들의 말에는 자신도 그 섬김을 통해 인정, 영향력, 존경, 안전 등 뭔가를 얻고 싶다는 암시가 딸려 온다. 물론 이 또한 인지상정이다. 다만 그리스도인이 빠지기 쉬운 유혹이 있다. 자신의 갈망을 자신에게조차 그리스도인의 겸손하고 이타적인 섬김으로 위장하는 것이다.

뉴포트는 그것을 일절 용납하지 않는다. 무슨 일을 하느냐보다 **어떻게** 일하느냐가 더 중요하다. 그의 표현으로 "바른 일을 찾는 것보다 바르게 일하는 것이 더 중요하다."[6]

선한 일을 잘하는 것과 소명

우리는 하나님의 창조세계를 다스리는 청지기이자 그분과 함께 새롭게 창조하는 공동 창조자다. 따라서 바르게 일하려면, 우리가 그분의 재료를 사용한다는 것과 우리의 일과 섬김과 소명을 통해 그분의 성품과 본성을 드러낸다는 것을 인정해야 한다. 웬델 베리는 그것을 이렇게 역설한다.

인간이 일을 잘하면 하나님의 작품이 돋보인다. 일을 잘하려면 무엇을 사용하든 그것 자체와 그것의 기원을 존중해야 한다. 사용하는 도구와 재료를 존중하고 사랑해야 한다. 자연을 위대한 신비와 힘으로, 없어서는 안 될 교사로, 인간이 창조하는 모든 작품의 필수 심사원으로 존중해야 한다. 일을 잘하면 삶과 일, 즐거움과 일, 사랑과 일, 쓸모와 미학이 괴리되지 않는다. 즐거움이나 애정이 없이 일하면 하나님과 자연을 욕되게 하고, 쓸모와 미학을 겸비하지 않은 제품을 만들면 그 제품과 그것을 사용할 사람을 욕되게 한다. 이렇게 하나님의 작품을 개악하는 것은 신성 모독이다. 다행히 창조세계 전체를 거룩하게 보고 하나님의 작품 속에 구현되고 계시된 그분의 정신을 보면, 그런 신성 모독은 불가능하다.[7]

도로시 세이어즈가 일에 대해 쓴 에세이는 소명 전반을 생각하는 데도 유익하다. 거기에 인용할 만한 말이 많이 나온다.

첫째로, 소명도 일처럼 단지 소득의 문제가 아니다.

일을 돈벌이로 생각하는 습성이 우리 안에 속속들이 배

어 있다 보니, 우리는 일을 일 자체의 수행으로 보는 것
이 얼마나 혁명적 변화인지 가히 상상하지 못한다. 그렇
게 관점이 바뀌려면 무급으로 하는 일—재미로 하거나
만드는 것들, 취미, 여가 활동—을 대할 때의 마음가짐
을 그대로 사물과 사람에 대한 일체의 판단 기준으로 삼
아야 한다. 사업에 대해 "돈이 될까?"를 물을 게 아니라
"이것은 선한가?"를 물어야 한다.[8]

둘째로, 일이 선한 것은 일해서 만드는 물건이 선하기
때문이기도 하다.

묘한 우연의 일치로든 무슨 보편 법칙 때문이든, 물건을
만들 때는 물건 자체의 온전한 완성과 절대 가치 외에
아무것도 바라지 않아야 한다. 그러면 그 순간 일꾼의
기술과 수고도 십분 발휘되어 역시 절대 가치를 획득한
다.[9]

이 점을 예시하고자 세이어즈는 이렇게 주장한다.

총명한 목수를 대할 때 교회의 권면은 대개 여가 시간에
술 취해 난동 부리지 말고 일요일마다 교회에 나오라는
말에 국한된다. 교회가 그에게 해 주어야 할 말은 그의

신앙이 우선 좋은 탁자의 제작으로 나타나야 한다는 것이다.…… 어떤 건물이 좋은 교회가 될 수 있으려면 일단 건물 자체가 좋아야 한다.[10]

특히 오늘날 친구와 친족 등 연고주의에 휘둘리기 일쑤인 제도 교회 풍토에서 세이어즈의 다음 말은 예리하게 정곡을 찌른다. "자신의 전문 분야에서 무능한 사람은 하나님을 섬길 수 없다. 무능과 허위는 늘 세상의 직업을 종교와 무관한 것으로 취급할 때 나타나는 결과다."[11]

요컨대 세이어즈의 논지는 이것이다. "선한 일을 잘해야만 그리스도인다운 일이 된다."[12]

완벽이라는 함정

선한 일을 잘하는 것을 완벽주의와 혼동해서는 안 된다. 사실 정반대다.

"최선은 선의 적이다"와 비슷한 경구를 당신도 들어 보았을 것이다. 예로부터 여러 버전으로 회자된 말이지만, 아마도 18세기 프랑스 철학자 볼테르를 통해 가장 유명해졌을 것이다. 완벽을 고집하다가는 결국 죽도 밥도 안 된다. 물론 그게 선할 리 없다.

완벽하지 못할 것에 대한 두려움은 많은 사람을 무력감에 빠뜨릴 수 있다. 특히 천직의 분별 같은 일생의 결정을 앞두고 있을 때는 더하다. 현대 교회를 괴롭히는 무력감의 한 형태는 당신의 삶을 향한 "하나님의 완전한 계획"이라는 비성경적 어법에서 기원했다. 다행히 당신의 삶을 향한 그런 의미의 완전한 계획은 하나님께 없다! 당신이 무슨 직업에 종사해야 하고, 누구와 결혼해야 하고, 어디에 살아야 하는지 등이 다 정해져 있는 청사진은 없다. 그러니 자신의 삶을 향한 하나님의 로드맵에서 어쩌다 벗어났을지도 모른다는 불안일랑 다 버려도 된다.

하나님께는 우리가 그분의 완전한 뜻 가운데 있으려면 반드시 따라야만 하는, 우리 삶을 향한 시시콜콜한 청사진이 없다. 게리 프리슨의 『나의 결정과 하나님의 뜻』에 그 사실이 성경적으로 자세히 설명되어 있다. 그는 우리 삶을 향한 "하나님의 완전한 계획"은 존재하지 않으니 그것을 알려할 게 아니라 지혜를 구사해서 결정을 내리라고 권면한다.[13] 그에 따르면 특히 성경에 언급되지 않은 상황과 관계된 문제일수록 지혜를 구사하는 것이 성경적 자세다. 우리의 직업과 천직도 그런 상황에 해당한다. 그가 설명했듯이 우리가 결정할 천직은 "하나님의 도덕법을 통해 **규제되고** 영향을 입을 수는 있으나 이미 **정해져 있지는 않다**."[14]

전혀 다른 각도에서이긴 하지만 칼 뉴포트도 자신의 진로 결정에서 프리슨의 지혜를 확증해 준다. 대학 졸업 후의 거취를 MIT와 마이크로소프트사 중에서 택일해야 했을 때 그는 "무력감에 빠지지" 않았다. 무력감에 빠졌을 많은 급우와 달리 오히려 그는 양쪽 다 "수많은 기회와 멋진 삶으로 이어질" 것이라 보았다.[15] 어느 쪽도 잃고 싶지 않았다. 얼마나 자유로운 관점인가!

이런 관점에 따라오는 자유는 그리스도인에게 더 크다. 진 에드워드 비스는 "우리가 하는 천직의 일을 통해 하나님이 일하신다. 우리는 그분의 도구일 뿐이다. 그것을 알면 안심할 수 있다"라고 설명한다.[16] "완벽한" 결정이 무엇인지 알 필요가 없다. 그런 것은 없기 때문이다. 진리는 범위가 넓다. 당신은 그 안에서 최대한 지혜롭게 소명을 찾아 나가면 된다. 가능하면 조언도 구하고, 필요에 따라 도중에 겸손히 수정하면 된다. 잠언 16장 9절 말씀처럼 주님이 걸음을 인도하실 것을 알기에 자신의 길을 계획하면 된다.

소명에서 벗어나게 하는 유혹

선은 목적이자 수단이다. 목표나 종착지도 되고 방편이나 경로도 된다. 선, 즉 선한 삶과 풍성한 삶은 당신의 푯대이고 지향점이고 소명이다.

그런데 우리를 이 소명에서 벗어나게 하려는 유혹이 아주 많다.

예컨대 신나는 커리어, 모험 넘치는 직업, 위험을 무릅쓴 업무 등의 이미지가 끊임없이 우리에게 쏟아져 들어온다.

이 모두가 각종 텔레비전 프로그램과 SNS 동영상에서 더 재미있고 최대한 멋지게 가공된다. 이렇게 과대 포장된 직종이 마트 직원, 커피숍 바리스타, 전선 기술자, 기차 차장, 접수 담당자, 학교 수위 등 우리가 날마다 쉽게 접하는 직종을 압도한다. 정작 일상에 필요한 것들을 채워 주는 일은 후자인데도 말이다.

『딥 워크』에서 칼 뉴포트는 우리에게 이렇게 일깨운다.

거의 인류사 내내 대장장이나 수레바퀴 직공은 멋진 직종이 아니었다. 하지만 그것은 중요하지 않다. 직종 자체는 문제가 되지 않기 때문이다. 그런 수고를 통해 드러나는 의미는 일의 결과물에 있는 게 아니라 고유의 솜씨와 장인 정신에 있다.[17]

물론 OTT로 여러 시즌씩 방영되는 드라마 속의 직종이 전혀 잘못된 것은 아니다. 하지만 사도 바울의 대조적 조언을 생각해 보면 흥미롭다. 그는 신자들에게 이렇게 권면한다. "또 너희에게 명한 것같이 조용히 자기 일을 하고 너희 손으로 일하기를 힘쓰라. 이는 외인에 대하여 단정히 행하고 또한 아무 궁핍함이 없게 하려 함이라"(살전 4:11-12).

바울의 말은 곧 선한 일을 잘하는 데 고유의 가치가 있다는 뜻이다. 선한 일을 잘할 때 우리는 하나님이 지으신 세상을 증언하는 것이다. 우리 인간은 그분의 동역자로서 그분의 창조세계를 돌본다. 이렇게 살면 자족의 자유를 누릴 수 있다. 고든 스미스는 그것을 이렇게 표현했다.

> 하나님은 사람을 표 나지 않는 일, 평범한 일, 단조로운 일로 부르실 때가 많다. 그분이 세상에서 수행하시는 가장 중요한 일 중 일부는 평범한 이들의 평범한 일을 통해 이루어진다. 따라서 우리도 그런 일을 단순히 견디는 정도가 아니라 기꺼이 받아들이고 즐거워해야 한다.[18]

타락한 세상에서 맺는 선한 삶의 열매

케이티 앤드라스키는 학업을 마치고 여러 기독교 기관에서 일했는데, 거기서 그녀의 내면에 각인된 것은 영광의 비전을 구하고 큰 영향을 미쳐야 한다는 것이었다. 그래서 그녀는 책을 출간하려 했다. 그런데 뜻대로 되지 않았다. 소설 『햇빛을 머금은 강』을 쓰는 데 무려 30년이나 걸렸고, 그나마 자비로 펴냈다. 하지만 책을 다듬던 그 세월 덕분에 "나는 깊은 평안을 얻었고 여태 그 평안이 떠날 줄 모릅니다. 그것이 출간보다 내 영혼에 더 유익했어요"라고 말한다. 이제 그녀는 "어쩌면 숨어 있는 작은 삶이 하나님이 우리에게 예수님을 따르라고 명하신 뜻에 더 가까운지도 모릅니다. 예수님도 자기를 비워 종의 형체를 가지셨잖아요"라고 믿는다.

“내 책의 독자는 비록 적지만 나는 작은 시골 교회의 목사가 된 기분입니다. 그 책이 읽힌다는 것만으로도 감사하지요.” 말을 키우는 농장 생활도 그동안 그녀에게 큰 기쁨이 되었다.[19]

1759년 볼테르가 펴낸 명랑한 이야기 『캉디드 혹은 낙관주의』에 그런 자족의 경지를 더 극적으로 보여 주는 사례가 나온다. 이 작품은 18세기를 풍미하던 사조인 철학적 낙관주의를 풍자한 소설이다. 그 철학은 세상을 창조하신 하나님이 완전하시므로 이 세상이야말로 가능한 모든 세상 중에 최고일 수밖에 없다고 주장했다. 그러나 볼테르 등 많은 사람은 세상 도처에 널린 인간의 고난을 보며 반론을 폈다. (악의 문제에 대한 의문은 시대에 따라 형태와 명칭을 달리하며 늘 존재했다.) 『캉디드』는 볼테르의 반격이었다.

전개되는 내러티브는 주인공 캉디드를 중심으로 한 일련의 모험이다. 일어날 수 있는 최악의 일이 그와 그의 동료들에게 실제로 연달아 일어난다. 그런데도 캉디드는 끝까지 장밋빛 이상주의를 고집하다가 재난과 불행을 몇 번이고 겪고 나서야 마침내 새로운 인생관에 도달한다. 남아 있는 사랑하는 이들과 함께 시골의 작은 농장에 정착한 그는 문제투성이 삶 속에서 그들이 할 수 있는 거라고는 하나뿐이라고 말한다. “우리의 동산을 가꾸어야 해.” 그러자 한 친구가 이렇게 맞장구친다. “깊이 생각할 것 없이 그냥 일하자. 삶을 견뎌 내려면 그 방법밖에 없어."[20]

아무래도 볼테르는 지나친 낙관론을 견제하려다가 오히려 지나친 비관론을 내놓지 않았나 싶다. 이 이야기에는 악의 존재에 대한 적절한 설명도 없고 노동에 대한 탄탄한 신학도 없다. 물론 볼테르는 종교관이 복잡했고 기독교를 신랄하게 비판했다. 그럼에도 이 이야기를 읽다가 만나는 돌연하고도 단순한 결말은 기억에 남을 뿐 아니라 우리에게 좋은 도전이 된다. 온갖 과장된 야단법석과 비운이 지나간 뒤에 결국 인물들은 조용하고 평화롭고 성실한 공동체 생활을 선택한다. 땅을 돌보는 선한 일로 귀착한다.

방법이 불온할지 몰라도 『캉디드』는 웬델 베리의 전조다.

볼테르는 평생 냉소로 일관했지만 베리는 진지한 기독교 신념의 소유자다. 그런데 각기 다른 경위로 도달한 곳은 둘 다 땅을 경작하는 삶이다. 그래야 타락한 세상에서 선하게 살 수 있다고 본 것이다. 이 관점을 베리는 「어떤 비전」이라는 시에서 이렇게 표현했다.

우리에게 살아남을 지혜가 있다면,
천천히 자라는 나무처럼 서서
폐허의 땅을 새로 비옥하게 할 수 있다면,
계절이 바뀌는 대로 반겨 맞을 뿐

땅이나 하늘에 무리한 요구를 삼간다면,
그러면 우리 삶으로 닦은 터에서 많은 생명이
우리가 죽은 후에도 길이 살면서
계곡 양편에 튼튼한 집을 짓고
창밖의 풍요로운 밭과 정원을 내다보리라.
우리가 영영 알지 못할
맑은 강물이 흐르고
새소리가 그 위를 덮으리라.
높고 낮은 언덕의 푸른 초장에는
한낮의 그늘 속에 가축의 워낭 소리 울리고
탐욕과 무지로 베어 낸 오랜 숲의 비탈에는
다시 오랜 숲이 뿌리를 내려
흩날리는 잎을 수북이 떨구리라.
잊었던 샘마다 수맥이 열리고
집집마다 밭에서 노래를 부르면
그 목소리가 자신들의 귀에도
땅에서 난 음악으로 들리리라.
보내는 슬픔이 클지라도 그들은
땅에서 얻은 것은 다 땅에 돌려주리라.
계곡의 시원을 품은 기억이
작은 숲처럼 퍼져 나가면
기억은 전설로, 전설은 노래로,

노래는 성례로 자라나리라.
이곳의 풍요, 사람과 새의 노래는
건강과 지혜와 고유한 빛이 되리라.
허황한 꿈이 아니라
고난이 곧 가능성이니.[21]

볼테르는 이 세상이 가능한 모든 세상 중에 최고라는 개념을 배격했지만, 베리는 일의 고난 속에서 그 가능성이라도 본다. 선을 본다.

9. 아름다움

아름다움은 소명이다

아름다움이 부른다.

아름다운 것은 그 아름다움만으로 우리를 부르고 매혹하고 끌어들인다.

해돋이가 우리를 부른다. 노을이 우리를 부른다. 산정의 경치가 우리를 부른다. 북극광이 우리를 부른다. 모란꽃이 우리를 부른다. 얼룩무늬 회색 아랍종 말이 우리를 부른다. 매끈한 빨간색 머스탱 오픈카가 우리를 부른다. 인상파 화가의 그림이 우리를 부른다. 눈부시게 아름다운 사람이 우리를 부른다.

그러나 이런 것은 물리적 의미의 아름다움을 불러일으킬 뿐이다. 토마스 아퀴나스는 이런 아름다움을 정의하기를,

보면 기분이 좋아지는 것이라 했다.[1]

은유적 의미의 아름다움도 우리를 부르고 매혹하고 끌어들인다.

우리는 아름다운 우정을 즐긴다. 아름다운 일을 한 직장 동료를 인정해 준다. 가족끼리 바닷가에서 아름다운 시간을 보낸다. 미소가 아름다운 사람에게 끌린다. 마음이 아름다운 사람은 누구에게나 사랑받는다.

영화 〈바비〉에 잊지 못할 장면이 나온다. 절세미인 바비 역의 마고 로비가 바비 세계를 떠나 현실 세계에 와서 어떤 벤치에 앉았는데, 마침 옆에 한 할머니가 말없이 앉아 있다. 얼굴에 주름이 자글자글한 노파 역의 앤 로스는 실제로 91세의 의상 디자이너였다. 여태 그런 사람을 본 적이 없는 바비는 그녀를 한참 신기하게 쳐다보다가 "참 아름다우세요"라고 말한다. 그러자 그녀는 약간 놀라서 바비를 똑바로 보다가 "나도 **알아요**"라고 힘주어 답한다. 둘 다 웃음이 터진다.[2]

이런 아름다움은 눈으로만 아니라 영혼으로 보는 것이고, 보면 (또는 인식하거나 이해하면) 역시 기분이 좋아진다.

이런 아름다움도 우리를 부른다.

아름다움은 진리와 선의 형식

그리스도인의 신실한 삶에서 중심을 이루는 진리와 선은 금방 눈에 띈다. 실제로 설교와 교육과 제자 훈련의 초점은 다분히 바른 교리(orthodoxy)와 바른 행실(orthopraxy)에 있다. 반면 아름다움은 대개 지엽적이고 대수롭지 않아서 있어도 그만, 없어도 그만인 것 같다. 현대 세계에서는 특히 더하다. 세상에 급박하게 필요한 게 워낙 많다 보니 아름다움은 아예 사치나 군더더기로 보일 수도 있다. 하지만 미적 경험도 우리의 인간성 자체, 즉 우리 안에 있는 하나님 형상의 중심을 이룬다. 우리 그리스도인은 바른 교리와 바른 행실 못지않게 바른 감정(orthopathy)에도 관심을 기울여야 한다.[3]

"선하다"는 뜻과 "아름답다"는 뜻을 겸비한 그리스어 단어 **칼론**(kalon)은 도덕적, 물리적으로 공히 표출되는 이상적 아름다움이다. 영어 단어 "부름"(call)도 같은 어원에서 파생했다. "칼론"의 여러 변형이 신약에 다수 등장한다. 단적인 예로 "나무도 좋고〔칼론〕 열매도 좋다〔칼론〕 하든지"라는 마태복음 12장 33절 말씀이 있다. 이런 나무와 열매는 물리적, 도덕적, 미적으로 두루두루 선하고 아름답다. 이 단어에 암시되어 있듯이 물리적 아름다움만 우리를 부르는 게 아니라 도덕적 아름다움, 즉 선한 것도 우리를 매혹한다. 지혜로운 교사는 우리를 끌어들인다. 유능하고 정직한 일꾼은 단골 고객이 많아진다. 친절한 이웃은 환영받는다. 정의로운 사람은 우리의 마음을 얻는다.

이런 예에서 보듯이 선과 진리에서 아름다움을 떼어 내기는 어렵다. 아름다움은 겉으로 드러나는 형식이다. 개념상

나누어 생각할 뿐이지 결국 내용과 형식은 분리될 수 없다.

아름다움은 진리와 선을 일깨운다

예술품이나 피조물 속의 영적 실재를 이해하려면 진리를 분별해야 한다. 철학자 일레인 스캐리에 따르면, 아름다움은 "우리 안에 진리를 향한 동경을 불러일으킨다." 아름다움을 평가하는 행위 자체에 확증과 오류의 개념이 개입되기 때문이다. 평가 과정에서 우리는 확증이나 오류에 부딪치게 돼 있다. 스캐리의 설명은 이렇다. "우리 쪽에서 굳이 애쓰지 않아도 아름다움은 우리를 확신이라는 정신적 사건에 눈뜨게 한다. 그 정신 상태가 아주 즐겁기 때문에 그 뒤로 우리는 기꺼이 수고하고 애쓰고 세상과 씨름해서 확신의 든든한 출처를 찾으려 한다. 즉 무엇이 참인지를 찾으려 한다."[4]

도그 쇼를 보며 당신의 마음에 드는 개를 응원해 본 적이 있는가? 도그 쇼에서 다양한 견종이 서로 겨루는 기준은 행위가 아니라 아름다움이다. 각 개의 외모가 품종별 표준에 얼마나 근접한지를 평가한다. 정해진 표준에 따라 개는 자기가 익힌 기능을 선보이면 된다. 무슨 기능을 익혔는지는 아름다운 포인터와 아름다운 세인트 버나드가 서로 다르다. 코부터 귀와 꼬리에 이르기까지 크기와 외피와 모양이 견종마다 다르다 보니 더 잘할 수 있는 것도 각기 다르다. 생김새가 기능을 떠받치는 셈이다. 품종마다 나름대로 아름답고, 잡종은

잡종대로 아름답다!

아름다움이 존재하기에 우리는 다 도그 쇼 심사원이 되어야 한다. 모든 훌륭한 심사원이 그렇듯이 우리도 오심 가능성을 인정하면서도 최대한 정확하게 평가해야 한다. 아름다움의 기준에 이견이 있거나 우리의 심사가 완전하지 못할 수 있지만, 로저 스크루튼이 지적했듯이 핵심은 우리가 심사를 시도한다는 데 있다. 최대한 기준대로 평가해야 함을 안다는 데 있다.[5]

이렇듯 아름다움은 옳고 그름이 존재함을 우리에게 일깨워 준다. 도그 쇼 경연장에서만 그런 게 아니다.

미적 경험은 감각 경험이자 감정 경험

아름다움은 부른다. 이는 아름다움이 무엇보다도 신체 감각을 통해 몸으로 지각되는 미적 경험임을 일깨워 준다. 그러나 아름다움을 아름다움으로 인식하는 일은 지성과 이성을 통해 이루어진다.

현대에는 "미학"(aesthetics)이란 단어가 대개 좁은 의미로 대상의 겉모습에 적용되어 쓰이지만, 어원에는 미적 경험의 주관적 요소가 깔려 있다. 같은 어근에서 나온 단어 "마취"(anesthesia)를 생각해 보라. 부정 접두사가 붙어 몸의 감각과 지각 경험을 차단한다는 의미가 된다. 먼저 듣지 않고는 음악의 아름다움을 지각할 수 없고, 먼저 보지 않고는 무지개의 아름다움을 지각할 수 없다.

미적 경험은 오감에서 시작되긴 하지만 신체 감각으로 끝나지 않고 훨씬 그 이상을 포괄한다. 모든 동물이 보고 듣지만 거기에 의미를 부여하는 것은 인간뿐이다. 미적 경험과 미의식은 바로 그 의미로 이루어진다. 동물은 아름다움을 인간처럼 지각하고 감상하지 않는 것 같다. 해가 떠서 빛이 들면 동물도 보긴 하지만 아름다움을 지각하지는 못한다. 휘파람이나 박수 소리나 심지어 음악에 반응하지만 노래의 박자가 맞는지 평가하지는 못한다. (신나거나 못마땅할 때 동물의 본능으로 반응할 수는 있다. 내 조부모님 집에 있던 보스턴 테리어 개는 할아버지가 트롬본을 불 때마다 깡충깡충 뛰며 짖어서 온 가족에게 큰 즐거움을 선사했다.)

미적 경험은 감각 경험 이상이다. 우리 마음과 생각과 영혼은 감각 경험에 순전히 본능적으로 반응하는 데서 그치지 않고 현상을 수용하여 해석한다.

또 하나 눈여겨볼 점은 "감정"(emotion)의 문자적 의미가 "벗어나는 움직임" 곧 "자극"이나 "격발"이고, "느낌"의 의미는 나중에 생겨났다는 것이다. 중독의 생리를 보면 알 수 있듯이 우리의 감정(곧 내면의 움직임과 자극)도 좋은 것만 아니라 (일부 SNS 알람, 포르노, 두려움 등) 나쁘고 흉한 것을 통해서도 격발될 수 있다. 또 우리 몸은 그런 신체 반응과 특히 도파민 분출을 좋은 것보다 나쁜 것에서 찾도록 길들여질 수 있다.

가장 근본적인 차원에서 미적 경험은 우리를 움직이는 감정 경험이다. 아름다움의 정황에서 대개 우리는 "움직인다"는 단어를 은유적 의미로 이해한다. (노래를 듣고 마음이 '움직였다'는 식으로 말이다.) 그러나 이 단어를 문자적 의미로도 이해해야 한다. 심장 박동이 빨라지고, 동공이 확장되고, 눈물이 고이고, 숨이 차고, 고개가 끄덕여지고, 미소가 절로 나는 등의 신체 반응도 움직임에 해당한다.

미적 경험은 영성에 영향을 미친다

제임스 K. A. 스미스가 전례(典禮) 인간학에서 보여 주듯이 우리가 갈망하는 (혹은 두려워하는) 대상이 우리를 움직이고, 우리가 사랑하는 대상을 우리는 갈망한다. 전례 인간학이란 우리의 영성 형성에 미치는 습관의 힘을 가리키는 명칭이다.[6] 우리의 사랑과 갈망은 고질적 습관을 통해 형성될 수 있으며, 그게 심하면 우리의 미적 반응이 아예 무의식에서 이루어질 수도 있다.

아름다움을 경험하려면 우선 눈앞의 아름다움을 지각하고 인식해야 한다. 그래서 매일의 일에 우리가 아름다움을 어떻게 접목하는지 보려면 주의력과 의지가 필요하다. 18세기에 "미학"이란 단어가 처음 생겨날 때는 학문의 한 분야로 출현했다. 즉 감각 경험을 통해 그리고 예술적 안목의 일부인

평가를 통해 얻는 지식이었다. 이 새로운 철학 분야는 사람이 노래를 듣거나 그림을 보거나 이야기를 듣거나 영화를 관람하고 나서 얻는 지식을 탐구했다. 모두 요약이나 설명으로는 재현할 수 없는 체험이다. 우리가 일부 위대한 예술품의 진가를 몰라보는 이유는 미적 경험에 안목과 평가가 요구되기 때문이다. 나이나 공부나 인생 경험에서 아직 준비되지 못했기 때문이다. 여태 보이지 않던 진가가 예술품을 다시 접하면서 이제야 보인다는 말을 나는 사람들에게서 자주 듣는다. 이는 지적, 정서적, 영적으로 우리가 성장한다는 뜻이다. 그렇게 준비되면 예술품 속에 이미 늘 있던 것이 비로소 눈에 들어온다.

전통적 개념의 미학에서는 다르게 말하겠지만, 그런 면에서 아름다움은 제 눈에 안경인지도 모른다. 그렇다면 우리 눈을 건강하게 가꿀 필요가 있다. 존마크 미러밸리가 『아름다움이란 무엇이며 왜 중요한가』에서 썼듯이, 아름다운 것들이 "우리의 열정에 불을 지피려면" 우리가 그런 열정을 "가꾸고 관리해야" 한다. 아름답지 못한 것들의 경우와는 다르다. 아름다움이 우리를 덕 쪽으로 떠밀 수 있으려면 우리가 아름다움을 지각하고 분별하는 능력을 길러서 덕을 실천해야 한다.[7] 아름다움을 경험하려면 대상의 선을 지각하고 즐거워해야 한다.[8] 이렇게 "아름다움을 통해 우리는 **영적** 실재에 걸맞은 **신체** 반응을 촉발할 수 있다."[9]

신체적인 면보다 영적인 면이나 지적인 면에 더 집중하는 그리스도인은 우리의 영성 형성과 인식에서 감각 경험이나 미적 경험이 차지하는 역할을 과소평가할 수 있다. 하지만 하나님은 육신이나 물질을 경시하지 않으신다. 오히려 그분은 인류를 구원하고자 육신을 입고 예수 그리스도로 오셨다.

성경에서 말하는 하나님의 영광은 그분의 아름다움, 명백히 드러난 위엄이다. 하나님의 영광은 그분의 자태 내지 위용, 아름다운 임재를 가리킨다.[10] 구약에서 불붙은 떨기나무와 구름 기둥과 소멸하는 불 등으로 나타났던 그분의 임재가 이제 그리스도의 성육신으로 나타났고, 또한 그분의 형상대로 지어진 우리가 만드는 것들과 우리가 하는 일을 통해서도 나타난다. 그리스도께서 오셨기에 우리도 요한처럼 "우리가 그의 영광을 보니"(요 1:14)라고 말할 수 있다. (이사야 53장 2절에 예언된 대로 예수님께 고운 모양이나 풍채가 없음에도 말이다.) 성육신을 통해 하나님은 인간이 보고 듣고 냄새 맡고 만질 수 있는 몸으로 우리에게 오셨다. 그 몸의 죽음과 장사와 부활도 우리는 떡과 포도주를 맛보는 또 다른 미적 경험 내지 감각 경험을 통해 기억한다.

아름다움은 하나님께로 우리를 부른다

세상의 모든 아름다움은 우리를 하나님께로 부른다. 그분이 창조하신 아름다움도 그렇고 그분의 형상대로 지어진 우리가 창조하는 아름다움도 그렇다. 하나님이 창조하신 아름다운 세상이 그분의 보이지 않는 능력과 신성을 보여 주며 우리를 그분께로 부르기 때문에 우리는 핑계할 수 없다(롬 1:20).

그리스도께서 산상 설교에서 선포하신 복을 "8복"(지복, Beatitudes)이라 하는데, 이 단어와 "아름답다"(beautiful)는 단어의 인도유럽어 어근이 같다.[11] 온유하고, 긍휼히 여기고, 애통하고, 화평하게 하고, 마음이 청결하고, 의에 주리고, 의를 위하여 박해받는 이들의 삶은 복되고도 아름답다. 대부분은 우리가 구하지 않을 속성과 요건이지만, 그것이 불처럼 연단하고 불순물을 태워 없애 귀금속을 빛나게 한다.

아름다움의 정의

그렇다면 아름다움이란 무엇일까? 아름다움을 정말 정의할 수 있을까? 현대 세계는 "아름다움은 제 눈에 안경이다"라는 신화에 빠져 있다. 하지만 앞서 보았듯이 이 말은 어느 정도만 사실이다. 미의 객관적 성질이 엄연히 존재한다. 비록 그런 성질에 대해 이견이 있을 수 있고, 설령 합의되었다 해도 그것을 분별하거나 평가하려면 숙련된 기술이 필요하지만 말이다.

잘 알려져 있듯이 토마스 아퀴나스는 **비율**과 **광휘**와 **온전성**을 미의 3대 속성으로 꼽았다.[12] (광휘의 라틴어 원어는 "명료성"이나 "조명"으로 번역될 때도 있다.) 여기 또 하나의 3개조가 있다!

이런 속성을 그림 등의 시각 예술품에 적용할 경우, 우리가 화폭에서 찾을 것은 일종의 균형(balance)이다. 여기서 균형이란 올바른 비율(비율의 흔한 예로는 3등분 법칙이라는 구성 원리가 있다[13]), 적당량을 잘 배치한 빛, 그림을 온전해 보이게 하는 제반 요건(온전한 내용물에는 여백까지도 포함된다)을 뜻한다.

이런 속성을 영적 아름다움이나 도덕적 아름다움처럼 덜 신체적이거나 덜 물리적인 정황에 적용할 경우에도, 역시 비율과 광휘와 온전성이라는 3대 속성을 위와 비슷한 의미로 생각하면 된다.

우선 **비율**(proportion)만 하더라도 다양한 적용이 가능하다. 앞서 보았듯이 우리 모두는 평생 다수의 천직으로 부름받는다. 가족과 시민과 이웃과 친구 등으로 부름받고, 또 삶의 시기에 따라 다양한 일로 부름받는다. 비율을 맞추려면 그런 소명에 필요한 시간과 에너지와 주의를 그때그때 적절히 안배해야 한다. 당분간 일을 줄이고 가족을 돌보는 데 더 집중해야 할 시기도 있다. 오늘날 젊은 세대는 승진하거나 커리어를 쌓기보다는 (재택근무 시간을 늘리는 등) 삶의 질을 더 중시하는 편인데, 덕분에 대체로 저울 눈금이 더 아름다운 비율

쪽으로 이동한 것 같다. 최대한 일에 몰두하는 게 현명하고 꼭 필요한 시기라 해도, 그 일 가운데도 주의가 더 필요한 요소와 그렇지 않은 요소가 있다. 예컨대 책을 쓰는 동안의 내 시간 분배는 삶 전체를 놓고 보자면 유익하거나 아름답지 못하다. 다만 그 시기에 꼭 필요한 일에 충실할 뿐이다.

소명에 **광휘**(luminosity)를 접목하려 하면 여러 가지가 떠오른다. "광휘"란 단어를 생각해 보는 것만도 흥미롭다. 그 말에는 빛, 광채, 작열, 계몽, 명료성, 조명의 의미가 담겨 있다. 설교자는 본문을 조명하여 말씀의 광휘를 살려 낸다. 교사는 어렵고 애매한 주제를 학생에게 명료히 설명하고, 최고의 교사는 다른 주제와의 연관성까지 밝히 드러낸다. 정치나 언론 같은 공직의 경우, 감정을 자제하고 이성으로 접근한다는 오랜 원칙도 이에 해당할 수 있다. "민주주의는 어둠 속에서 죽는다"는 어느 중앙지의 슬로건에는 언론의 일을 통해 세상을 환히 밝히려는 의지가 담겨 있다. (영화 제목 〈스포트라이트〉도 마찬가지다. 이 영화는 수십 년 동안 자행된 교회 내의 끔찍한 성폭행을 폭로하는 데 한 신문사가 어떤 역할을 했는지를 보여 준다.)

덜 공적인 소명의 경우에도, 빛을 추구하고 빛을 발하는 삶이 표출되는 방식은 무수히 많다. 예컨대 돌아가신 내 어머니가 컴퓨터나 온라인 뱅킹 등의 문제로 고객지원센터에 자주 전화를 걸던 일이 생각난다. 기술적 문제를 해결하도록 누가 전화로 친절하게 도와준다면 88세의 할머니에게 그보다 더 큰 복은 없다. 실제로 그런 사람 덕분에 어머니의 하루가 즐거워졌을 때는 나까지 덩달아 기뻤다. 전화를 받은 본인은 몰랐을 것이다. 몇 년 전 나는 집 안의 고질적 문제인 해충을 박멸하려고 방역 업체를 부른 적이 있다. 마침내 해법을 찾아낸 직원의 환히 빛나던 얼굴이 잊히지 않는다. 기피 업종이지만 많은 사람에게 꼭 필요한 일이었고, 그 일을 잘하는 게 그에게는 큰 기쁨이었다. 그의 기쁨이 내게도 전염되었다.

비슷하게 우리 지역의 기상 캐스터 조지도 대중에게 널리 사랑받는다. 날씨를 탁월하게 예보하고 설명해서만이 아니라 자세한 업데이트를 온종일 자주 전해 주는 열정 때문에 더욱 그렇다. (비가 오나 눈이 오나 한결같이 빛을 발하는 조지를 누구나 사랑한다!) 이런 사람이 하는 일에는 광휘가 서려 있어 그냥 아름답다. 또 임신부의 빛나는 자태를 떠올리지 않고 어떻게 광휘를 논할 수 있겠는가?

온전성(integrity)은 의미가 가장 명확하다. 온전하게 일하는 방식은 직업의 가짓수만큼이나 다양하다. 온전성 하면 당연히 우리는 정직과 공정을 생각하지만, 전심을 다하는 것도 생각할 수 있다. 여러모로 우리는 자신의 전 존재로 소명에 임할 수 있다. 예컨대 여러 해 동안 나와 함께 재직했던 동료 영문학 교수가 생각난다. 교수이기 전에 아내이자 어머니인 그녀가 교육에 접목한 최고의 선물 중 하나는 어머니 같은 손길이 필요한 모든 학생을 자애롭게 대한 것이다. 종종 풋볼 선수들이 영어를 단지 필수 과목이라는 이유로만 수강해도 그녀는 전혀 개의치 않았다. 그들이 다섯 문단짜리 에세이와 짤막한 연구 논문을 쓰도록 어머니처럼 이끌어 주었을 뿐이다.

다양한 역할 및 관계 사이에 그어야 할 적절한 선(線)도 삶의 다양한 소명 속에서 온전성을 지키는 한 방법이다. 예컨대 대개 상담자는 지혜롭고도 단호하게 내담자와는 SNS 친구를 맺지 않으며, 대다수 회계사는 파티석상에서는 세금에 대한 조언을 삼간다. 선을 잘 그으면 삶 전반이 온전해지고 아름다움을 덧입는다.

불완전한 아름다움

아름다움은 완벽과는 거리가 멀다. 일본어 단어 "와비사비"는 미세한 흠결이 있는 아름다움을 가리킨다. 이 말에 담긴 미학과 세계관은 완전무결을 중시하고 떠받드는 그리스와 로마의 고전적 기준과 대비된다. 시인 제라드 맨리 홉킨스도 이런 아름다움을 인식하고 「얼룩진 아름다움」이란 시로 그것을 예찬했다. "얼룩진"의 의미인 "잡색"은 아름다움을 색깔과 외관의 균일성으로 보던 고전적 관점에 어긋난다. 상이

한 색깔, 반점, 주근깨 등 신기해 보이는 다양한 요소가 시에 등장한다. 인간의 수고와 장비도 불완전한 아름다움의 예로 언급되어 있어 특히 소명, 일, 천직이란 주제와도 일맥상통하는 시다.

모든 얼룩진 것을 인해 하나님께 영광을 돌리라.
　얼룩소처럼 색깔이 둘인 하늘,
　　헤엄치는 점박이 송어의 빨간 반점,
불붙은 석탄 같은 밤톨, 되새의 날개,
　목초지와 휴경지와 경작지로 나뉜 구획별 땅,
　　각종 도구와 장비가 딸린 모든 직업을 인해.

모나고 특이하고 희귀하고 별난 모든 것,
　(묘연한 조홧속의) 온갖 변하는 것과 주근깨,
　　빠르거나 느린 것, 달거나 신 것, 밝거나 침침한 것을
다 그분이 지으셨으니 변함없이 아름다우신
　그분을 찬양하라.[14]

이렇게 색깔이나 외관이 불완전한 것들은 홉킨스의 모든 시처럼 그 자체로 아름다울 뿐 아니라 한결같이 변함없으신 하나님을 우리에게 일깨워 준다. 모든 찬양을 받기에 합당하신 그분은 홉킨스가 알았듯이 영원한 아름다움의 근

원이다.

자아에서 벗어나 타인에게 이르도록

아름다움도 태양처럼 존재 자체만으로 자연스러운 결과를 낳는다.

그런 자연스러운 결과 중 하나로 아름다움은 우리를 아름다움 자체에 끌어들임으로써 잠시나마 자아로부터 주의를 돌리게 한다.

철학자 아이리스 머독에 따르면, 아름다움은 그녀의 표현인 "탈자아"를 통해 우리를 형성하고 재형성하는 위력이 있다. 하나님이 창조하신 자연미도 그렇고 인간이 창조하는 예술미도 그렇다. 아름다움은 우리를 자아와 이기심으로부터, 객관적 주변 세상에 대한 주관적 편견으로부터 이끌어낸다. 덕분에 우리는 덕과 선에서 성장할 수 있다. 머독은 『선의 군림』에서 이렇게 썼다.

아름다움은 편의상 예술과 자연의 공통된 성질을 일컫는 전통적 명칭이다. 그 성질 덕분에 우리는 양질의 경험과 의식의 변화라는 개념을 꽤 분명히 이해할 수 있다. 나는 주변 상황조차 잊어버린 채 불안하고 억울한 심정으로 창밖을 내다본다. 위신이 깎였다는 생각에 시무룩할 수도 있다. 그때 문득 창공을 맴도는 황조롱이가 눈에 들어온다. 그 순간 모든 것이 달라진다. 시무룩한 자아는 구겨진 공명심과 함께 사라져 버리고 이제 황조롱이뿐이다. 그러다 이전의 생각으로 다시 돌아오면 이제 그것이 덜 중요해 보인다. 물론 이것은 우리가 일부러도 할 수 있는 일이다. 이기적인 생각을 떨쳐 버리려고 자연에 주의를 기울이는 것이다.[15]

일레인 스캐리는 아름다움에 이렇게 반응하는 것을 "철저한 탈중심"이라 표현한다. 『아름다움과 정의로움에 대하여』에서 그녀는 이렇게 설명한다.

아름다운 것을 보는 순간 우리는 철저한 탈중심을 겪는다.…… 세상의 중심에서 내려온다는 말이 아니다. 어차피 우리는 세상의 중심에 서 본 적도 없다. 이 말은 우리가 자기 세상의 중심에서 내려온다는 뜻이다. 눈앞의 아름다운 그것에게 우리 자리를 기꺼이 내주는 것이다.[16]

아름다움은 우리를 자아에서 이끌어 내어 사람들과 이어 준다. 아름다움이란 남과 공유하고 싶은 것이기 때문이디. 빛살의 모양이 바뀌면 우리는 사랑하는 이에게 "하늘 좀 봐"라고 말한다. 두어 시간 거리에 떨어져 사는 친구에게 "지금 달 보고 있어?"라고 문자를 보낸다. 크레용으로 종이에 사람을 그린 아이는 "내 그림 볼래?"라며 밝게 웃는다. 설령 요긴한 고독을 찾아 홀로 등산을 갔다 해도 우리 대부분은 거기서 보고 듣고 느낀 아름다움을 나중에 일부나마 나눌 것이다.

매기 스미스의 「리트윗 하나로 시작된 시」에 그것이 더 깊고 예리하게 표현되어 있다. 시 서두에 스미스가 X에서 본 게시물이 인용된다.

차를 타고 지나가다가 말을 보고도 저기 말이 있다고 말하지 않는다면 당신은 사이코패스다.[17]

이어지는 시에 새, 나비, 지느러미, 조개, 달 등 다양한 소재가 묘사된다. 마땅히 우리는 주변 모든 사람에게 그것을 보여 주고 싶은 마음이 들어야 하며, 그렇지 않으면 자칫 자아를 잃을 수도 있다고 시는 암시한다. 아름다움에 주목하고 그것을 남과 나눌 때 우리는, 자칫 점점 "멀어지다가" 마침내 "사라지고 마는" 신세를 면할 수 있다. 자기 목숨을 잃는 자는 얻는다.

이렇게 자아를 벗어나서 아름다운 것을 보고 타인과 하나님께로 나아가면, 아름다움에 풍성한 열매가 맺히는 원리에 눈뜰 수 있다. 물리적, 영적, 도덕적으로 아름다움은 생육하고 번성한다.

스캐리는 아름다움이 재생산을 부추기다 못해 강권한다

고 말한다. "아름다움은 자꾸 분신으로 태어난다."[18] 그녀가 설명했듯이 아름다운 대상을 화폭에 그리는 것, 아름다운 작품에 대한 에세이를 쓰는 것, 아이를 임신하거나 낳는 것이 다 아름다움을 재창조하는 방식일 수 있다.[19]

재생산의 욕구는 우리를 불멸성과 영원성 쪽으로 이끈다.

아름다움은 넉넉한 결실을 맺는다

우리의 소명 속에서 아름다움을 추구하려면 아름다움의 생성력과 너그러움도 빠뜨려서는 안 된다. 스캐리의 말처럼 사람은 아름다움을 지각할수록 "더 넓은 마음으로 세상을 품는다."[20] 이미 보았듯이 결국 소명의 관건은 이웃을 섬기는 데 있다. 섬김도 아름다움처럼 풍성한 열매를 맺는다.

넉넉한 결실을 말이다.

주의력과 의지를 품고 힘쓴다면 우리의 소명을 통해 더 많은 아름다움을 창조할 수 있다. 당신이 일하는 분야에서 남에게 멘토가 되거나 남의 멘토링을 받을 수도 있다. 당신의 작품을 접할 수 없거나 접할 형편이 안 되는 이들에게 나눔을 실천할 수도 있다. 세상에 베푸는 선물인 셈이다. 이미 재생산되고 있는 당신의 일을 그냥 인식하며 감사할 수도 있다.

어린 자녀에게 신발 끈 묶는 법을 가르치다 보면 지칠 수 있다. 차라리 직접 매 주는 게 더 쉽다. 그러나 대신 해 주기보다는 스스로 할 수 있도록 기술을 가르치는 쪽이 재생산에 더 가깝다.

텁석부리 사내가 진행하는 어느 쇼는 매주 모든 SNS 플랫폼에서 엄청난 조회 수를 기록하는데, 당신이 절친한 대학 동기와 함께 진행하는 팟캐스트는 "좋아요"와 공유가 별로 많지 않아 아쉬울 수 있다. 하지만 당신이 청취자의 영혼에 뿌리는 진리와 지혜의 씨앗은 다른 이들이 매주 내놓는 사사로운 주장이 다 사그라진 지 오랜 후에야 좋은 열매를 맺을 것이다.

아름다움을 만드는 것들

아름다움이란 보면 기분이 좋아지는 것이라 했으니 "보는" 이가 많을수록 더 아름답게 여겨질 법도 하다. 하지만 아름다움은 양이 아니라 질이다.

내 친한 친구는 문장 부호를 붙이면 큰일이라도 난다는 듯 도무지 부호를 활용할 줄 몰랐다. 지난 세월 그녀가 작성한 글을 손보아야 할 때마다 내가 수없이 도와주었다. 반면 그녀는 전문 정원사이자 화훼 장식가이지만 내 꽃밭은 초보 단계였다. 나를 도와주러 우리 집에 처음 왔을 때 그녀는 빽빽한 화초가 미관을 해친다며 많이 솎아 내게 했다. 그러면서 "글을 쓸 때와 똑같아. 대폭 덜어 내고 이리저리 옮겨 봐야 돼"라고 말했다. 정말 그녀 덕분에 꽃들이 숨 쉬고 피어나 만

개했다. 친구의 도움으로 나는 더 많은 아름다움을 창조할 수 있었다.

아름다움이 **아름다우려면** 일정한 테두리 안에서 조화롭게 한데 묶여야 한다. 에세이, 꽃밭, 신발 끈, 신중한 말이 다 그렇다. 테두리를 정하는 주체는 자연일 수도 있고 인간일 수도 있다. 자연은 사계절의 주기에 순응하면서 수시로 맹렬한 산불을 일으켜 땅을 자체 복원하고, 인간은 아름다움에 꼭 필요한 요소만 화폭에 담는다. 정원은 예술과 자연의 합작품이다. 이렇게 "주변 환경을 우리에게 맞추고 우리를 주변 환경에 맞추려는 시도는 인류 보편의 현상이라 할 수 있다."[21]

아름다움은 혼돈이 아니라 질서다.

존마크 미러밸리는 아름다움을 질서와 이변, 기성과 신예, 완벽과 허점의 조화로 묘사한다. 그는 G. K. 체스터턴의 『살아 있는 인간』에 등장하는 이노센트 스미스를 언급하는 대목에서, 그런 미의식을 우리가 살아가는 방식(우리가 일하고 소명을 실현하는 방식도 거기에 물론 포함된다)에 어떻게 적용할 수 있을지 제시한다. 바로 "인습을 타파하고 계명을 지키라"라는 것이다.[22]

정의롭고 공정한 아름다움

스캐리는 아름다움과 정의의 연관성을 논증하여 아름다움을 계명과 연결한다. 그녀가 지적하듯이 "아름다움"을 뜻하는 또 다른 단어인 "어여쁨"(fair)은 "정의"(just)를 뜻하기도 한다. 공정함(fairness)은 균형 잡힌 관계로 정의될 수 있다.[23] 아름다움 자체가 우리를 그런 균형으로 부른다.

어떤 소명에서든 균형은 가장 취약한 가족 구성원처럼 보일 수 있다. 예컨대 아기는 모든 구성원의 돌봄을 가장 많이 받지만 아이가 장성하면 균형이 달라진다. 세월이 흘러 성인 자녀가 부모를 돌보기 시작하면 균형이 뒤집힐 수 있다. 연로한 부모일수록 점점 더 취약해지기 때문이다. 선출직 관리에게 균형이란 자신이 섬기는 지역이나 기관의 전체 구성원을 충실히 잘 대변한다는 뜻이다. 매일 자신의 삶과 안락을 희생하면서까지 시민들의 삶과 안락을 지키는 공무원에게 균형이란 자신이 지키는 그들로부터 좋은 보수와 존중과 돌봄을 받는다는 뜻이다. 선한 목자이신 예수님께 균형이란 양 아흔아홉 마리를 안전한 우리 안에 두고 한 마리 잃은 양을 찾으러 나가신다는 뜻이다. 그것이 정의롭고 공정하고 적합한 행동이기 때문이다.

알맞으면 빛난다

아름다움은 스크루튼이 말하는 **적합성**(fittingness)에 부합한다. 그에 따르면 적합성이란 제대로 단 문짝, 아름답게 배치된 정원, 알맞게 차린 식탁을 가리킨다. "여러 방식으로 풀 수 있는 문제"의 해법도 그에 해당한다.[24]

내가 X에서 가장 즐겨 읽는 게시물 중 하나는 옷을 잘 입는 남자와 그렇지 못한 남자의 사례를 올리는 어느 남성복 전문 작가의 글이다. 양쪽의 차이는 거의 언제나 어울림으로 귀결된다. 색깔이나 스타일이나 소재도 중요하지만 그보다 옷은 사람과 잘 맞을 때 가장 보기가 좋다. 같은 옷이라도 어떤 남자가 입으면 아주 멋있는데 다른 남자가 입으면 후줄근해 보인다.

알고리즘 때문에 당연히 여성복 광고도 뜨는데, 키 크고 날씬한 모델이 걸치면 아주 아름다운 옷도 단신에 통통한 내게는 그만큼 어울릴 리가 없다. 이는 내가 더불어 살아야 할 진실이다.

안타깝게도 우리가 사는 세상은 대부분의 이상적 맞춤이 대부분의 실제 인간에게는 맞지 않는 곳이다. 실제로도 그렇고 은유로도 그렇다.

그래도 우리는 자신에게 참으로 맞는 것을 계속 찾아 나갈 수 있다.

적합성은 우리가 세상에 질서를 부여하여 잘 적응하려는 시도다.[25] 아담과 하와가 에덴동산 안팎에서 한 일도 그와 똑같다. 설교자와 청중이 하는 일도 그것이다. 우리가 집 안팎에서 하는 일도 그것이고, 교회와 세상에서 하는 일도 그것이다. 목수, 공예가, 스케이트 선수, 영화감독, 수의사, 개 조련사, 트럭 운전사, 창문 시공자, 마트 점원, 음악가, 교사, 작가, 예술가, 속기사, 호스피스 간호사, 언론인, 도시 거주자, 시골 거주자, 교외 거주자, 어머니, 아버지, 딸, 아들, 친구가 하는 선한 일도 다 그것이다.

월트 휘트먼은 갖가지 일과 역할과 소명의 아름다움을 「미국의 노랫소리 내게 들리네」라는 시에 이렇게 담아냈다.

미국의 노랫소리 내게 들리네, 온갖 즐거운 노래.
저마다 쾌활하고 힘차게 부르는 정비사의 노래,
널빤지나 대들보의 치수를 재면서 부르는 목수의 노래,
일을 준비하거나 마무리하면서 부르는 석공의 노래,
배에서 부르는 뱃사공의 노래, 증기선 갑판에서 부르는
갑판원의 노래,
의자에 앉아서 부르는 제화공의 노래, 서서 부르는 모자
직공의 노래,
나무꾼의 노래, 일하러 가는 아침에나 쉬는 한낮에나 해
거름에 부르는 쟁기 모는 총각의 노래,
어머니나 일하는 젊은 아낙이나 바느질하거나 빨래하
는 처녀가 부르는 구성진 노래.
저마다 어느 누구의 노래도 아닌 자신만의 노래를 부르
니
낮에는 낮의 노래가, 밤에는 건장한 젊은이들이 정겹게
모여

목청껏 부르는 힘찬 노랫가락이 들리네.[26]

천직은 부름에 대한 응답

천직이란 주변 환경을 우리에게 맞추고 우리를 주변 환경에 맞추라는 보편적 부름에 대한 응답이 아니라면 무엇이겠는가? 천직이란 "어느 누구의 노래도 아닌 자신만의 노래"가 아니라면 무엇이겠는가? 각자 자신이 처한 세상과 조화를 이룰 때 그런 부름이 어찌 노래로 터져 나오지 않겠는가?

소명은 결국 우리와 웬만큼 맞게 되어 있다. 설령 그 일이 자신을 추동하는 열정이 아니라서 그것일랑 마지못해 받아들이고 (소설 『미드나잇 라이브러리』에서처럼) 다른 삶을 꿈꾼다 해도 말이다.

적합하면 찬란하다.

당신의 소명이 무엇이든 당신은 그것과 잘 맞도록 지어졌다.

즐겨 입는 바지나 노부부처럼 이 적합함도 시간이 갈수록 더 나아지겠지만, 어쨌든 적합함은 중요하다. 잘 맞으면 언제나 아름답다. 잘 맞는 것을 찾아내서 활짝 꽃피우기까지 시간이 걸릴 때도 있다. 신기하게도 그 일은 도중에 벌어진다. 진리, 선, 아름다움을 추구하는 여정 중에 이루어진다.

당신의 참된 소명은 당신에게 아름답게 어울린다.

아울러 세상과 당신에게 큰 선을 이룬다.

감사의 말

이 책은 2021년 래빗 룸(예술가와 음악가와 작가의 기독교 온라인 커뮤니티—옮긴이)이 주최한 행사에서 내가 강연한 내용의 산물이다. 먼저 래빗 룸 대표 앤드루 피터슨과 모든 동료에게 감사한다.

예리하고 꼼꼼한 브라조스 출판 팀과 다시 일할 수 있어 얼마나 감사한지 모른다. 밥 호색은 내가 신뢰하고 존경하는 편집자일 뿐 아니라 아예 친구가 되었다. 출판 기획안부터 제목과 표지와 최종 출시에 이르기까지 내 책을 어언 세 권이나 맡아 이끌어 준 제러미 웰스도 마찬가지다. 아침저녁으로 밥과 제러미를 만나 함께한 식사가 마술처럼 실제 책으로 변하는 것을 보며 이번에도 무척 기뻤다. 전체 과정에서 중요한 역할을 맡아 탁월하게 수행한 에릭 세일로, 폴라 깁슨,

셸리 맥너튼에게도 감사한다. 그들이 부름받고 나와 함께 일해 주어 정말 다행이다.

자신의 이야기와 말 일부를 이 책에 싣도록 허락해 준 케이티 앤드라스키, 크리스 데이비스, 민디 로렌스, 데이비드 로우, 사라 샌더슨, 줄리 앤 스미스, 제니퍼 와이즈먼에게 감사한다.

내 일정과 대외 소통을 능숙히 관리해 주는 사라 마이클 헨리에게 감사한다. 그녀가 일정표를 정연하게 유지하는 덕분에 내 머릿속도 정연하다.

책을 쓰던 도중에 강연하다 만난 휘트니 메인티스는 초고를 예리하게 열독한 뒤 무엇보다 중요하게 솔직하고 값진 피드백을 들려주었다. 고맙게도 그녀는 이 책에만 아니라 소명이란 개념 자체에 시간과 투자를 아끼지 않았다. 흔히들 작가가 실제 독자들에게 다가가려면 실제 인간들의 이름과 얼굴을 염두에 두고 글을 써야 한다고 말한다. 내 부름에 응하여 실제 독자가 되어 준 휘트니에게 감사한다.

지금 내 주변에 천직이 하나님의 섭리이자 신비로운 현상임을 보여 줄 사람이 있다면 바로 메러디스 터그웰이다. 내가 교수직을 그만두어 모든 특권과 혜택을 잃었을 때 메러디스가 내 연구 조수로 자원봉사 하겠다고 나섰다. 내 깊은 감사만 받고서 말이다. 메러디스 덕분에 혼자일 때보다 훨씬 많은 일을 할 수 있다. 과분한 은혜지만 고마운 선물로 받는다.

　끝으로 내가 로이의 아내로, 그가 내 남편으로 부름받지 않았다면 내 삶이 어떻게 됐을지 상상할 수 없다. 그가 없었다면 지금까지의 내 삶도 없을 테니 분명히 이 책도 쓰지 못했을 것이다. 나는 다른 삶을 원하지 않는다.

주

1. 질문

1. 예수님의 길에 대해서는 다음 책에 아주 자세히 다루었다. Karen Swallow Prior, *The Evangelical Imagination: How Stories, Images, and Metaphors Created a Culture in Crisis* (Brazos, 2023).

2. 일

1. 시트콤 〈시트 크릭 패밀리〉의 팬이라면 알겠지만 경우에 따라 "천천히 섞어야" 할 때도 있다.
2. 이렇게 작가는 노예 노동에 기초한 인간 제도를 예리하게 꼬집는다. 노예 제도는 인간의 존엄성을 훼손할 뿐 아니라 타락한 비성경적 노동관에 기초한 것이다.
3. John Mark Comer, *Garden City: Work, Rest, and the Art of Being Human* (Zondervan, 2015), 37–39.
4. John Milton, *Paradise Lost* 4. 437–448. 출전: *The Riverside Milton*, Roy Flannagan 편집 (Houghton Mifflin, 1998), 455. 철자와 대문자 표기를 내가 현

대식으로 살짝 다듬었다. (『실낙원』)

5. Milton, *Paradise Lost* 9. 205-212. 출전: Flannagan, *Riverside Milton*, 590.

6. Robert Hayden, "Those Winter Sundays," *Collected Poems of Robert Hayden*, Frederick Glaysher 편집 (Liveright, 1985), https://www.poetryfoundation.org/poems/46461/those-winter-sundays.

7. Ben Witherington III, *Work: A Kingdom Perspective on Labor* (Eerdmans, 2011), xii-xv. (『평일의 예배, 노동』, 넥서스CROSS)

8. Emily Dickinson, "What Is—'Paradise,'" *The Complete Poems of Emily Dickinson*, Thomas H. Johnson 편집 (Back Bay Books, 1961), 99.

9. Gordon T. Smith, *Courage and Calling: Embracing Your God-Given Potential*, 개정판 (IVP Books, 2011), 32. (『소명과 용기』, 생명의말씀사)

10. Dominick S. Hernández, *Proverbs: Pathways to Wisdom* (Abingdon, 2020), 130.

11. Dorothy L. Sayers, *Why Work?* (CreateSpace, 2014), 17. (『도그마는 드라마다』 1부 7장, IVP)

12. Madeleine L'Engle, *And It Was Good: Reflections on Beginnings* (Harold Shaw, 1983), 19.

13. George Herbert, "The Elixir," Poetry Foundation, 2024년 12월 2일 접속, https://www.poetryfoundation.org/poems/44362/the-elixir.

14. 『몰 플랜더스』가 소설인지 아니면 소설의 전단계인지는 문학적으로 논란이 많은 문제다.

15. Daniel Defoe, *Moll Flanders* (1722, 복간 Dover, 1996), 140, 147, 142, 144, 154, 174. (『몰 플랜더스』, 위즈덤커넥트)

16. Os Guinness, *The Call: Finding and Fulfilling God's Purpose for Your Life*, 20주년 기념판(W, 2018), 181-182. (『소명』, IVP)

17. Guinness, *The Call*, 71.

18. Guinness, *The Call*, 72.

19. Guinness, *The Call*, 225.

3. 열정

1. Cal Newport, *So Good They Can't Ignore You: Why Skills Trump Passion in the

Quest for Work You Love (Little, Brown, 2012), ix. (『열정의 배신』, 부키)

2. Newport, *So Good They Can't Ignore You*, 16-17.

3. Steve Rose, "What Does It Mean to Follow Your Passion?," SteveRosePhD. com, 2024년 8월 21일 접속, https://steverosephd.com/what-does-it-mean-to-follow-your-passion.

4. 2024년 3월 10일에 사라 샌더슨이 내게 보내온 이메일을 그녀의 허락을 받아 공개한다.

5. Kate Kennedy, *One in a Millennial: On Friendship, Feelings, Fangirls, and Fitting In* (St. Martin's, 2023), 235-236.

6. Rose, "What Does It Mean to Follow Your Passion?"

7. Henry Blackaby, Richard Blackaby & Claude King, *Experiencing God*, 개정증보판 (Lifeway, 2007), 109. (『하나님을 경험하는 삶』, 요단출판사)

8. Jane Austen, *Sense and Sensibility* (B&H, 2020), 263. (『이성과 감성』)

9. Austin Kleon, *Steal like an Artist: Ten Things Nobody Told You about Being Creative* (Workman, 2012), 68. (『훔쳐라, 아티스트처럼』, 중앙북스)

10. Newport, *So Good They Can't Ignore You*, 14-15.

11. Newport, *So Good They Can't Ignore You*, xviii.

12. Newport, *So Good They Can't Ignore You*, 12.

13. Newport, *So Good They Can't Ignore You*, 22.

14. Samantha Klassen, *The Threads of Vocation: A Comic* (Saint Benedict's Table and Collegeville Institute, 2021), https://medium.com/@samanthaklassen124/the-threads-of-vocation-a-comic-39bd8b8ad22f.

15. Jon Schlosberg, Lindsey Griswold, Haley Yamada, Janice McDonald & Steve Osunsami, "America's Nun Population in Steep Decline," ABC News, 2022년 7월 27일, https://abcnews.go.com/US/americas-nun-population-steep-decline/story?id=87426990.

16. Frederick Douglass, *Narrative of the Life of Frederick Douglass, an American Slave, Written by Himself*, William L. Andrews & William S. McFeely 편집 (Norton, 2017), 30. (『미국 노예, 프레더릭 더글러스의 삶에 관한 이야기』, 지식을만드는지식)

17. Thomas Gray, "Elegy Written in a Country Churchyard," *Norton Anthology of English Literature: The Major Authors*, Stephen Greenblatt 편집, 제9판

(Norton, 2013), 1366-1400.

18. Os Guinness, *The Call: Finding and Fulfilling God's Purpose for Your Life*, 20 주년 기념판 (W, 2018), 77. (『소명』, IVP)

4. 용어 정의

1. "Elizabeth Gilbert on Distinguishing Between Hobbies, Jobs, Careers, & Vocation | Acumen Academy," 2017년 6월 19일 게시, Acumen Academy, YouTube, 9분 43초, https://youtu.be/0g7ARarFNnw.
2. "Career," *Online Etymology Dictionary*, 2024년 12월 2일 접속, https://www.etymonline.com/word/career#etymonline_v_5378.
3. Bryan J. Dik & Ryan D. Duffy, *Make Your Job a Calling: How the Psychology of Vocation Can Change Your Life at Work* (Templeton, 2012), 11. (『나의 일을 의미 있게 만드는 방법』, 박영스토리)

5. 소명

1. Tony Martin, "Randall Wallace Shares His Thoughts on Music, Hollywood, and Faith," *Baptist Record*, 2023년 11월 21일, https://thebaptistrecord.org/randall-wallace-shares-his-thoughts-on-music-hollywood-and-faith.
2. Kate Kennedy, *One in a Millennial: On Friendship, Feelings, Fangirls, and Fitting In* (St. Martin's, 2023), 88-89.
3. Os Guinness, *The Call: Finding and Fulfilling God's Purpose for Your Life*, 20주년 기념판 (W, 2018), 61. (『소명』, IVP)
4. Gustaf Wingren, *Luther on Vocation*, Carl C. Rasmussen 번역 (Wipf & Stock, 2004), 10.
5. "2024 SBC Pastors' Conference—Sunday Night," 2024년 6월 9일 게시, Baptist Press, YouTube, 3시간 35분, https://youtu.be/kfpVj4kXoKI.
6. Michael Berg, *Vocation: The Setting for Human Flourishing* (1517 Publishing, 2021), 32.
7. Gene Edward Veith, *God at Work: Your Christian Vocation in All of Life* (Crossway, 2002), 31, 33, 40. (『일과 소명』, 멘토)

8. Guinness, *The Call*, viii.

9. Viktor E. Frankl, *Man's Search for Meaning* (1946, 복간 Beacon, 2006), xiv-xv. (『죽음의 수용소에서』, 청아출판사)

10. Andrew Peterson, *Adorning the Dark: Thoughts on Community, Calling, and the Mystery of Making* (B&H, 2019), 44-45.

11. Peterson, *Adorning the Dark*, 47.

12. Bryan J. Dik & Ryan D. Duffy, *Make Your Job a Calling: How the Psychology of Vocation Can Change Your Life at Work* (Templeton, 2012), 3-4. (『나의 일을 의미 있게 만드는 방법』, 박영스토리)

13. "Americans Love to Ask People 'What Do You Do?' It's a Habit We Should Break," *Guardian*, 2014년 3월 8일, https://www.theguardian.com/commentisfree/2014/mar/08/americans-job-uncertainty-looking-for-new-life-meaning.

14. *The Office*, 시즌5 제5화, "Employee Transfer," David Rogers 연출, 2008년 10월 30일 방영, NBC, https://www.imdb.com/title/tt1248749.

15. Sarah L. Sanderson, *The Place We Make: Breaking the Legacy of Legalized Hate* (WaterBrook, 2023).

16. 2024년 3월 10일에 사라 샌더슨이 내게 보내온 이메일을 그녀의 허락을 받아 공개한다.

17. George Herbert, "The Collar," *Norton Anthology of English Literature: The Major Authors*, Stephen Greenblatt 편집, 제9판 (Norton, 2013), 735-736.

18. Oswald Chambers, "The Voice of the Nature of God," *My Utmost for His Highest*, Our Daily Bread Ministries, 2024년 1월 16일, https://utmost.org/classic/the-voice-of-the-nature-of-god-classic. (『주님은 나의 최고봉』, 기독교문서선교회)

19. George Eliot, *Middlemarch* (Penguin Classics, 1988), 107-108. (『미들마치』, 민음사)

20. Frederick Buechner, *Wishful Thinking: A Seeker's ABC* (HarperSanFrancisco, 1993), 119. (『통쾌한 희망 사전』, 복 있는 사람)

21. Garry Friesen & J. Robin Maxson, *Decision Making and the Will of God*, (Multnomah, 1980), 339. (『나의 결정과 하나님의 뜻』, 생명의말씀사)

22. Veith, *God at Work*, 23.

23. Veith, *God at Work*, 47.

24. Gordon T. Smith, *Courage and Calling: Embracing Your God-Given Potential*, 개정판 (IVP Books, 2011), 65–68. (『소명과 용기』, 생명의말씀사)

25. Kennedy, *One in a Millennial*, 247.

26. Guinness, *The Call*, 188.

27. Smith, *Courage and Calling*, 75.

6. 초월

1. 바울의 이 권면은 우리가 소설 속의 폴리애나처럼 냉엄한 현실을 외면한 채 장밋빛 색안경을 끼고 세상을 좋게만 보며 살아야 한다는 뜻이 아니다. 그렇게 살려면 진리를 무시해야 한다. 세 가지 초월성 중 하나인 진리를 다음 장에서 살펴볼 것이다.

2. Jacques Maritain, *"Art and Scholasticism" with Other Essays* (Filiquarian, 2007), 35–36.

3. E. Lily Yu, *Break, Blow, Burn, and Make: A Writer's Thoughts on Creation* (Worthy, 2024), 96–98.

7. 진리

1. 워낙 복잡한 문제라 여기서 다루기에는 지면이 부족하지만, 전체 요점은 그리스도인들이 진리는 중시하면서 아름다움은 경시하여 진리와 아름다움을 둘 다 위험에 빠뜨렸다는 것이다.

2. John-Mark L. Miravalle, *Beauty: What It Is and Why It Matters* (Sophia Institute, 2019), 42.

3. Miravalle, *Beauty*, 42.

4. 요한복음 8:32, 요한삼서 1:4, 에베소서 6:14, 요한복음 1:14, 16:13, 1:1–5, 14:6.

5. "Science(명사)," *Online Etymology Dictionary*, 2022년 10월 16일 업데이트, https://www.etymonline.com/word/science.

6. Jordan B. Cooper, *In Defense of the True, the Good, and the Beautiful* (Just & Sinner, 2021), 19.

7. Viktor E. Frankl, *Man's Search for Meaning* (1946, 복간 Beacon, 2006), 99. (『죽

음의 수용소에서』, 청아출판사)

8. Frankl, *Man's Search for Meaning*, 98.

9. "Logos," PBS, 2024년 8월 21일 접속, https://www.pbs.org/faithandreason/theogloss/logos-body.html.

10. Emily Dickinson, "Tell All the Truth but Tell It Slant," *The Complete Poems of Emily Dickinson*, Thomas H. Johnson 편집 (Back Bay, 1961), 506-507.

11. Jon Collins & Tim Mackie 진행, *How to Read the Bible*, 팟캐스트, 32회, "The Tree of Knowing Good and Bad," BibleProject, 2019년 6월 17일, https://bibleproject.com/podcast/tree-knowing-good-bad.

12. Robert W. Pazmiño & Octavio J. Esqueda, *Anointed Teaching: Partnership with the Holy Spirit* (Publicaciones Kerigma, 2019), 89.

13. Arthur Miller, *Death of a Salesman*, 출전: *The Portable Arthur Miller*, Christopher Bigsby 편집 (Penguin, 1997), 40. (『세일즈맨의 죽음』, 민음사)

14. Miller, *Death of a Salesman*, 129-130.

15. Os Guinness, *The Call: Finding and Fulfilling God's Purpose for Your Life*, 20주년 기념판 (W, 2018), 177. (『소명』, IVP)

16. Kathleen A. Cahalan, *The Stories We Live: Finding God's Calling All Around Us* (Eerdmans, 2017), 25.

17. Dorothy L. Sayers, *Why Work?* (CreateSpace, 2014), 18. (『도그마는 드라마다』 1부 7장, IVP)

8. 선

1. William Dyrness, *Visual Faith: Art, Theology, and Worship in Dialogue* (Baker Academic, 2001), 70-74.

2. Gerard Manley Hopkins, "God's Grandeur," *Gerard Manley Hopkins: Poems and Prose* (Penguin Classics, 1985), https://www.poetryfoundation.org/poems/44395/gods-grandeur.

3. Paul Buckley, "Matter and Its Creator," 출전: *Why We Create: Reflections on the Creator, the Creation, and Creating*, Jane Clark Scharl & Brian Brown 편집 (Square Halo, 2023), 22.

4. Diane Langberg, Trinity Forum, 2021년 7월 9일, Cherie Harder 인터뷰,

https://youtu.be/XGT3AXDBLbA, 녹취록 https://www.ttf.org/portfolios/online-conversation-diane-langberg.

5. Cal Newport, *So Good They Can't Ignore You: Why Skills Trump Passion in the Quest for Work You Love* (Little, Brown, 2012), 38. (『열정의 배신』, 부키)

6. Newport, *So Good They Can't Ignore You*, 229.

7. Wendell Berry, "Christianity and the Survival of Creation," *Cross Currents* 43, no. 2 (1993년 여름), https://www.ecofaithrecovery.org/wp-content/uploads/2012/09/BerryWendell_ChristianitySurvivalCreation.pdf.

8. Dorothy L. Sayers, *Why Work?* (CreateSpace, 2014), 10. (『도그마는 드라마다』 1부 7장, IVP)

9. Sayers, *Why Work?*, 11.

10. Sayers, *Why Work?*, 18, 19.

11. Sayers, *Why Work?*, 22.

12. Sayers, *Why Work?*, 20.

13. Garry Friesen & J. Robin Maxson, *Decision Making and the Will of God*, (Multnomah, 1980), 252. (『나의 결정과 하나님의 뜻』, 생명의말씀사)

14. Friesen, *Decision Making and the Will of God*, 336.

15. Newport, *So Good They Can't Ignore You*, 206.

16. Gene Edward Veith, *God at Work: Your Christian Vocation in All of Life* (Crossway, 2002), 152. (『일과 소명』, 멘토)

17. Cal Newport, *Deep Work: Rules for Focused Success in a Distracted World* (Grand Central, 2016), 90-91. (『딥 워크』, 민음사)

18. Gordon T. Smith, *Courage and Calling: Embracing Your God-Given Potential*, 개정판 (IVP Books, 2011), 140. (『소명과 용기』, 생명의말씀사)

19. 케이티 앤드라스키가 2024년 6월 28일에 내게 직접 보내온 페이스북 메시지.

20. François-Marie Arouet de Voltaire, *Candide, or Optimism*, 출전: *The Norton Anthology of World Masterpieces*, Robert M. Adams 번역, 제7판 (Norton, 1999), 2:379. (『캉디드 혹은 낙관주의』, 열린책들)

21. Wendell Berry, "A Vision," from "To Think of the Life of a Man," *The Selected Poems of Wendell Berry* (Counterpoint, 1998), 102. 이 시를 최근에 다음 책에서 만났다. Lore Ferguson Wilbert, *The Understory: An Invitation to*

Rootedness and Resilience from the Forest Floor (Brazos, 2024), xi-xii. 대개 나는 어떤 작품을 어디서 처음 접했는지 기억하지 못하는 편인데, 이 경우는 최근인 데다 인상적이었다. 로어의 아름다운 책 첫머리에 나오는 이 시를 읽고 감동의 눈물을 흘렸다. 마침 이 책을 쓰고 있던 내게 적시에 제대로 찾아온 시다.

9. 아름다움

1. Thomas Aquinas, *Summa Theologiae*, 1부 5문 1항, https://www.newadvent.org/summa/1005.htm. (『신학대전』, 성바오로출판사)

2. *Barbie*, Greta Gerwig 감독 (Warner Bros., 2023). (〈바비〉)

3. 미적 경험이 어떻게 바른 교리와 바른 행실과 바른 감정을 북돋는지 더 자세히 보려면 다음 책을 참조하라. Lanta Davis, *Becoming by Beholding: The Power of the Imagination in Spiritual Formation* (Baker Academic, 2024), 제3부.

4. Elaine Scarry, *On Beauty and Being Just* (Princeton University Press, 1999), 31. (『아름다움과 정의로움에 대하여』, b)

5. Roger Scruton, *Beauty* (Oxford University Press, 2009), 15. (『아름다움』, 미진사)

6. James K. A. Smith, *You Are What You Love: The Spiritual Power of Habit* (Brazos, 2016). (『습관이 영성이다』, 비아토르)

7. John-Mark L. Miravalle, *Beauty: What It Is and Why It Matters* (Sophia Institute, 2019), 15-16.

8. Miravalle, *Beauty*, 20.

9. Miravalle, *Beauty*, 12.

10. John Mark Comer, *Garden City: Work, Rest, and the Art of Being Human* (Zondervan, 2015), 115.

11. "Beatitude(명사)," *Online Etymology Dictionary*, 2024년 8월 21일 접속, https://www.etymonline.com/search?q=beatitude.

12. Thomas Aquinas, *Summa Theologiae*, 1부 39문 8항, https://www.newadvent.org/summa/1039.htm#article8.

13. 삼위일체 원리는 어디에나 있다!

14. Gerard Manley Hopkins, "Pied Beauty," *Gerard Manley Hopkins: Poems*

and Prose (Penguin Classics, 1985), https://www.poetryfoundation.org/poems/44399/pied-beauty.

15. Iris Murdoch, *The Sovereignty of Good* (Routledge, 1971), 82. (『선의 군림』, 이숲)

16. Scarry, *On Beauty and Being Just*, 111-112.

17. Maggie Smith, "Poem Beginning with a Retweet," Blue Flower Arts, 2019년 7월 19일, https://blueflowerarts.com/illuminations/poem-beginning-with-a-retweet.

18. Scarry, *On Beauty and Being Just*, 3.

19. Scarry, *On Beauty and Being Just*, 4-5.

20. Scarry, *On Beauty and Being Just*, 48.

21. Scruton, *Beauty*, 82.

22. Miravalle, *Beauty*, 35.

23. Scarry, *On Beauty and Being Just*, 93.

24. Scruton, *Beauty*, 82-91.

25. Scruton, *Beauty*, 82-96.

26. Walt Whitman, "I Hear America Singing," *Selected Poems* (Dover, 1991), https://www.poetryfoundation.org/poems/46480/i-hear-america-singing.

당신의 소명은 무엇인가요

일, 직업, 열정, 천직, 부르심

초판 1쇄 인쇄 2026년 4월 15일
초판 1쇄 발행 2026년 4월 21일

지은이 캐런 스왈로우 프라이어
옮긴이 윤종석
펴낸이 박명준

편집   박명준   펴낸곳 바람이 불어오는 곳
디자인 박주안   출판등록 2013년 4월 1일 제2013-000024호
제작   공간   주소 03041 서울 종로구 자하문로 5, 5층
                      전자우편 bombaram.book@gmail.com
                      문의전화 010-6353-9330   팩스 050-4323-9330
                      홈페이지 bombarambook.com

ISBN 979-11-91887-39-6 03230

• 이 책의 판권은 지은이와 바람이 불어오는 곳에 있습니다.
  이 책의 내용의 전부 또는 일부를 재사용하려면 반드시 양측의 서면 동의를 받아야 합니다.

• 잘못된 책은 구입하신 곳에서 교환할 수 있습니다.

바람이불어오는곳 은
삶의 여정을 담은 즐거운 책을 만듭니다.

 bombaram.book